美丽乡村建设视角下的乡村旅游规划与发展研究

张 洁 著

北京工业大学出版社

图书在版编目（CIP）数据

美丽乡村建设视角下的乡村旅游规划与发展研究 / 张洁著 . — 北京：北京工业大学出版社，2020.12（2021.11 重印）
　ISBN 978-7-5639-7751-2

　Ⅰ . ①美… Ⅱ . ①张… Ⅲ . ①乡村旅游－旅游规划－研究－中国②乡村旅游－旅游业发展－研究－中国 Ⅳ . ① F592.3

中国版本图书馆 CIP 数据核字（2020）第 247628 号

美丽乡村建设视角下的乡村旅游规划与发展研究
MEILI XIANGCUN JIANSHE SHIJIAO XIA DE XIANGCUN LÜYOU GUIHUA YU FAZHAN YANJIU

著　　者：	张　洁
责任编辑：	郭志霄
封面设计：	点墨轩阁
出版发行：	北京工业大学出版社
	（北京市朝阳区平乐园 100 号　邮编：100124）
	010-67391722（传真）　bgdcbs@sina.com
经销单位：	全国各地新华书店
承印单位：	三河市腾飞印务有限公司
开　　本：	710 毫米 ×1000 毫米　1/16
印　　张：	11.5
字　　数：	230 千字
版　　次：	2020 年 12 月第 1 版
印　　次：	2021 年 11 月第 2 次印刷
标准书号：	ISBN 978-7-5639-7751-2
定　　价：	45.00 元

版权所有　　翻印必究

（如发现印装质量问题，请寄本社发行部调换 010-67391106）

作者简介

张洁,女,1978年12月出生,浙江省新昌人,毕业于浙江大学,本科学历,中国社会科学院MPA硕士学位,现为杭州职业技术学院讲师。研究方向:旅游管理专业。主持并完成杭州市教育规划课题一项,目前在研杭州市科技局软课题一项,发表论文十余篇。

前　言

美丽农村的建设工作是我国经济建设的重要项目之一，为了让农民生活宽裕、村容整洁，并且展现农村自身文化特色，必须通过规划设计达到和谐发展的目的。目前，我国已经有许多美丽乡村建设的成功案例，各个地区都有独特的地域特色，基于当地文化、自然景观特征规划的旅游型美丽乡村将是时代发展的新潮流。

全书共七章。第一章为绪论，主要阐述了美丽乡村建设的历程、美丽乡村建设的依据以及美丽乡村建设的现状等内容；第二章为乡村旅游的发展现状，主要阐述了乡村旅游与农业经济关系辨析、中外乡村旅游发展的对比以及中国乡村旅游发展存在的问题等内容；第三章为乡村旅游资源开发的意义，主要内容为乡村旅游资源概述、美丽乡村建设视角下乡村旅游资源开发的理论基础以及美丽乡村建设视角下乡村旅游资源开发的意义等内容；第四章为乡村旅游产品与组织管理形式，主要内容为乡村旅游产品概述、乡村旅游创意产品开发的主要方向以及乡村旅游的组织管理形式等内容；第五章为乡村旅游规划与旅游项目设计，主要阐述了乡村旅游规划的理论基础、乡村旅游规划的创意与格局以及乡村旅游规划的项目设计等内容；第六章为乡村旅游规划与发展战略探讨，主要阐述了乡村旅游规划及发展战略以及乡村旅游规划案例分析——以十堰市南化温泉旅游度假小镇为例等内容；第七章为美丽乡村建设视角下乡村旅游的未来发展，主要阐述了乡村旅游的发展前景和趋势、乡村旅游改革发展的思考以及美丽乡村建设与乡村旅游等内容。

为了确保研究内容的丰富性和多样性，笔者在写作过程中参考了大量理论与研究文献，在此向涉及的专家学者表示衷心的感谢。

最后，限于笔者水平，加之时间仓促，本书难免存在一些疏漏之处，在此，恳请读者朋友批评指正！

目 录

第一章 绪 论 … 1
第一节 美丽乡村建设的历程 … 1
第二节 美丽乡村建设的依据 … 8
第三节 美丽乡村建设的现状 … 26

第二章 乡村旅游的发展现状 … 33
第一节 乡村旅游与农业经济关系的辨析 … 33
第二节 中外乡村旅游发展的对比 … 39
第三节 中国乡村旅游发展中存在的问题 … 49

第三章 乡村旅游资源开发的意义 … 55
第一节 乡村旅游资源概述 … 55
第二节 美丽乡村建设视角下乡村旅游资源开发的理论基础 … 67
第三节 美丽乡村建设视角下乡村旅游资源开发的意义 … 71

第四章 乡村旅游产品与组织管理形式 … 73
第一节 乡村旅游产品概述 … 73
第二节 乡村旅游创意产品开发的主要方向 … 86
第三节 乡村旅游的组织管理形式 … 93

第五章 乡村旅游规划与旅游项目设计 … 99
第一节 乡村旅游规划的理论基础 … 99
第二节 乡村旅游规划的创意与格局 … 105
第三节 乡村旅游规划的项目设计 … 114

第六章　乡村旅游规划与发展战略探讨 …………………………… 137
第一节　乡村旅游规划及发展战略 ………………………………… 137
第二节　乡村旅游规划案例分析——以十堰市南化温泉旅游度假小镇为例 …………………………………………………………… 139

第七章　美丽乡村建设视角下乡村旅游的未来发展 ………………… 161
第一节　乡村旅游的发展前景和趋势 ……………………………… 161
第二节　乡村旅游改革发展的思考 ………………………………… 165
第三节　美丽乡村建设与乡村旅游 ………………………………… 166

参考文献 ………………………………………………………………… 175

第一章 绪 论

美丽乡村建设既是建设美丽中国的重要组成部分,也是城乡协调发展的重要组成部分。建设美丽乡村不仅仅是农村居民的需要,也是城市居民的需要。农村的所有问题,包括生态问题、环境问题、文化问题,影响的绝不仅仅是农村人口的生产生活,实际上会从各个方面影响到城市产业发展和城市居民的生活。随着中国现代化建设的发展,我国城乡联系也日益密切。建设美丽乡村不仅仅能满足农村居民的需要,也能满足城市居民的需要,能满足整个社会的需要。本章分为美丽乡村建设的历程、美丽乡村建设的依据、美丽乡村发展的现状三部分。主要内容包括近代中国农村建设概况、新中国成立后农村建设概况、改革开放时期农村建设概况等方面。

第一节 美丽乡村建设的历程

一、近代中国农村建设概况

从我国历史上看,对农村建设问题的直接关注起始于近代的中国资本主义发育时期。

1908 年,清政府为适应变革需要,颁布《城镇乡地方自治章程》和《城镇乡地方自治选举章程》,在农村开展了"乡村治理运动",规定:凡府厅州县官府所在地为城,其余市镇村屯集等地人口满 5 万者为镇,不满 5 万者为乡。城镇乡均为地方自治体。乡设立议事会和乡董,实行议行分立。乡议事会在本乡选民中选举产生,为议事机构。乡设乡董、乡佐各 1 名,负责执行议事会表决事项与办理地方官府委派的事务,同时负责筹备议事会选举及议事事务。自治范围囊括了近代一般地方行政的基本内容,包括教育、卫生、道路、农工商务、慈善救济、公共事业及地方财务等事项。这样一来,乡就成了一级行政区划和政权机构。这种变革改变了传统中国"王权不下县"的局面，也使得国家政权的触角伸到了乡村底层社会，从而强化了对底层民众的控制和征敛。

民国初期，沿袭清末行政区划，县以下设立乡，把乡作为农村基层政权。后来，将"乡"改为"区"。同时，源于清末的地方自治运动继续发展。在军阀统治的部分省份，实行村治，以村为自治单位，而在村之上，有的则设立"区"，一时间，区、乡一度成为自治单位。农村基层政权体制频繁变更，始终未能建立统一、稳定的体系。

1928年，南京国民政府成立后，先后颁布《县组织法》《乡镇自治施行法》《区自治施行法》等法规，开始实行省、县二级制，县下设区、乡（镇）、闾、邻等"自治"组织。区、乡、镇为自治单位，可以在不抵触中央和省、县法令规则的前提下，制定自治公约，选民可以直接行使创制权、复决权、选举权和罢免权等权利，同时要求完善并充实县、区、乡、镇、各级行政组织，使各类承担行政职能的人员纳入国家官僚体系之中。通过这些规定，县以下区和乡（镇）两级行政得到统一，中国传统社会以县为最基层的制度至此正式结束。

1932年，国民党政府在鄂豫皖三省颁布《剿匪区内各县编制保甲户口条例》，正式实施保甲制。1934年，这一制度推行到全国。根据规定，保甲的编组以户为单位，户设户长，十户为甲，甲设甲长。十甲设保，保设保长。保甲组织的任务是清查户口，抽捐敛税，抽选壮丁，制定保甲规约，实行连保连坐，建立地方武装，修筑工事等。

尽管民国时期对农村建设与发展的探索进一步深化，在多个省区均发动了"乡村自治运动"，但总体来说，近代的探索主要侧重于农村政治建设方面。

二、新中国成立后农村建设概况

对农村经济建设、政治建设等予以较为全面的关注，则起始于20世纪50年代即新中国成立初期。这个阶段主要指解放初期至1978年12月十一届三中全会召开以前。

这个阶段历时近30年，其是以粮为纲的发展阶段。在20世纪50年代中期，我国就提出"农村现代化"的社会主义新农村建设目标，由于当时社会生产力水平低，农民的温饱还难以保障，建设新农村的任务主要是发展农业互助合作社和人民公社、解放和发展农业生产力，解决农民的温饱和社会粮食需求问题。

三、改革开放时期农村建设概况

这个时期主要指1978年12月十一届三中全会召开以来，分为三个阶段。

（一）市场化发展阶段

即1978年12月十一届三中全会召开至2005年10月十六届五中全会召开以前的时期。

改革开放以后，政治上撤社建乡（镇），实行行政村管理体制；经济上推行家庭联产承包责任制，体制上突破计划经济模式，发展社会主义市场经济，极大地调动了亿万农民的积极性，农村生产力获得了空前解放，农村各项事业都获得了飞速进步，农村的发展迎来了前所未有的机遇。十五届三中全会高度评价和肯定了农村改革20年来所取得的上述成就和丰富经验，并从经济上、政治上、文化上对"建设中国特色社会主义新农村"的任务提出了要求，新农村建设已经成为一个系统工程。

（二）社会主义新农村建设阶段

即2005年10月中共十六届五中全会召开至2007年10月的十七大时期。

中共十六届五中全会更加明确具体地提出了社会主义新农村建设的20字方针，即"生产发展、生活宽裕、乡风文明、村容整洁、管理民主"，对新农村建设进行了全面部署。这个时期，我国的经济发展已经基本具备了工业可以反哺农业、城市可以带动农村发展的条件，一方面，国家全面免除了农业四税（农业税、屠宰税、牧业税、农业特产税）和农村"三提五统"（即公积金、公益金和管理费；教育费附加、计划生育费、民政优抚费、民兵训练费、民办交通费等），推行了新农合、农低保、免学费和增加了种粮直补等农村福利政策，推进了农村林权制度改革和农村基层政治改革等。另一方面，国家公共财政逐年加大向"三农"的倾斜，城乡差距逐步缩小，农村逐渐成了城里人羡慕和向往的地方。党的十七大进一步提出"要统筹城乡发展，推进社会主义新农村建设"，把农村建设纳入国家建设的全局，充分体现了全国一盘棋的科学发展思想。

（三）美丽乡村建设阶段

2012年11月，党的十八大报告更是明确提出，"要努力建设美丽中国，实现中华民族永续发展"，第一次提出了城乡统筹协调发展，共建"美丽中国"的全新概念，随即出台的2013年中央一号文件，依据美丽中国的理念第一次提出了要建设"美丽乡村"的奋斗目标，新农村建设以"美丽乡村建设"的提法首次在国家层面明确提出。

2015年中共中央一号文件要求，坚持不懈推进社会主义美丽乡村建设，让农村成为农民安居乐业的美丽家园。

四、美丽乡村与三农问题

（一）三农问题简析

"三农"问题是指农村、农业、农民这三大问题是指在广大乡村区域，以种（养）殖业为主，农民生存状态的改善、产业发展问题以及社会进步问题。21世纪的中国，在历史形成的二元社会中，城市不断现代化、二、三产业不断发展，城市居民不断殷实，而农村的进步、农业的发展、农民的小康相对滞后的问题。事实上，"三农"问题是一个从事行业、居住地域和主体身份三位一体的问题。

"三农"问题是农业文明向工业文明过渡的必然产物。它不是中国所特有的，无论是发达国家还是发展中国家都有过类似的经历，只不过发达国家较好地解决了"三农"问题。

在我国"三农"问题作为一个概念提出来是在20世纪90年代中期。实际上"三农"问题自新中国成立以来就一直存在，只不过当前我国的"三农"问题显得尤为突出，主要表现在：一是中国农民数量多，解决起来规模大；二是中国的工业化进程单方面独进，"三农"问题积攒的时间长，解决起来难度大；三是中国城市政策设计带来的负面影响和比较效益短时间内凸显，解决起来更加复杂。

在中国解决"三农问题"有其艰巨性、复杂性和特殊性。多年的探索和实践之路昭示人们："三农问题"的本质是城乡二元社会中城市与农村发展不同步、结构不协调的问题，解决"三农问题"要从"城乡一体化""三农一体化"着手才能取得实效，而"两个一体化"的重要抓手即"美丽乡村"建设。随着中国城市化水平的提高，美丽乡村建设最后的关注点会聚集在农民的土地问题上。

（二）农民的土地问题

无论是社会主义新农村建设、新型社区建设、新型城镇化，还是美丽乡村建设，最后的关注点都聚焦在农民的土地问题上。

现在开展新型农村社区建设，无论是地方领导，还是专家学者都热衷采取多村合并的方式。为什么？多村合并之后，把人集中起来，然后把宅基地复垦，复垦之后，建设用地指标增减挂钩，占补平衡，这个指标就能出来，尤其是"多规合一"试点区，多村合并是新型农村社区建设的主要途径。

我国现有60万个行政村，300多万个自然村，6亿农民，每个行政村平均1000人，如果按照现在布局的话，社区中心最小有5000人比较合理，60来万行政村最后合并到10多万个农村社区就够了，这意味着50万个农村行政村要消失。从规划、资源优化配置、经济的角度看，能够带来很多好处，包括集中治理污染、农民集中居住、优化利用土地等。

但是，这种大规模的村庄整治，它是农村生产方式、生活方式和社会文化、政治、经济等各方面结构的一次历史性变革，而且是农村空间布局的重新调整。说得大点，是农村山河的再造，这是比家庭联产承包责任制更大的变动，触及农村的方方面面。这样的话，意味着它不仅仅是一个资源配置的问题，而且是涉及生产力、生产关系、上层建筑和经济基础的大问题，这样的历史性变革，它带来的优越性、好处是什么？它会造成的问题是什么？需要做一个分析。

50多万个村庄消失，产权确权、组织的发育要重新考虑。过去形成的一整套正式的制度和非正式的制度都要被打乱，这方面的问题必须要考虑，这个过程必须是渐进的，切不可操之过急。

（三）乡村布局问题

以后怎么做乡村布局规划？首先应该对中国未来的人口结构和农业经营模式有一个基本判断。在未来十几年、几十年内，中国不可能出现像欧美、澳大利亚那样的大农场，未来很长时间内要实现70%～80%的城镇化率也还有几亿农民，未来中国农村人口一亿，专业农民三千万，那七千万怎么办？中国少数专业农户、家庭农场和大量的小规模农户、生存农户并存的情况下，农村的格局是什么样的，未来农村空间的布局和我们整个城镇的布局是什么样的，农民到底有什么样的需求，是需要上楼还是多元化……像这种格局下，不能光考虑楼房，考虑专业大户搞农庄，还要考虑几亿小规模兼业农户的需求，这部分人往往是农村最弱势的，这一部分人怎么能分享到城镇化发展的红利，这是一个需要认真讨论的问题。

重要的是，要加快农村地区的基础设施建设，加大环境治理和保护力度，营造良好的生态环境，促进农业增效、农民增收。还要统筹做好城乡协调发展、同步发展，切实提高广大农村地区群众的幸福感和满意度。唯此，才能早日实现美丽乡村、美丽中国的奋斗目标。

五、美丽乡村建设与城镇化

城镇化建设是保护美丽乡村的手段。美丽乡村在城镇化进程中，要实现"望得见山、看得见水、记得住乡愁"的目标，需重视以下四个方面。

（一）乡村风貌保护要凸显文化传承

当前由于城市规模不断扩大，再加上大量现代化小城镇不断涌现，城市正以前所未有的速度迅速向广大的农村腹地蔓延扩张，城市的建筑与景观布局形态被不加选择地直接植入乡村，而乡村中成百上千的自然村落则因此被拆毁或在自生自灭的状况中消亡。世代以土地为生而缺乏城市教育背景和生产工作技能的农民被迁入完全陌生的城镇中生活，这在城市化建设未来的发展进程中所埋下的隐患是不言而喻的。

城镇建设不仅要有绿水青山，而且还要凸显文化传承。中国传统的自然村落在人地关系的处理方面，集中体现了人与自然和谐相处的生存智慧与"天人合一"的价值理念。在传统自然村落中留存下来的人文景观与自然景观，无论是从中国传统文化的保护和传承，还是从未来新型城乡建设的结构布局，以及城乡关系构建和生态环境与人文体系的重建等角度出发，都是极具保护和利用价值的。事实上大多数城市由于在改造过程中忽视了对历史和文化景观的保护，已经变得千篇一律，保护中国乡村的人文景观和自然景观，已经是我们保护与传承中国传统文化最后的机会了。

（二）遵循"三个循环"的建设理念

城镇化建设是中国下一轮经济社会发展最重要的支撑点之一，如何在中国这样一个地域辽阔，各地区发展水平极不平衡的国家中实施大规模的城镇化建设，值得深思。

单纯保护并不能真正解决由于功能的衰退而引发的自然村落迅速消亡的问题，只有找到新的功能要求和定位，将乡村的改造融入城乡一体化发展的结构布局中，才能真正达到在合理的功能使用中更加有效和现实地保护自然村落的目的。

在乡村改造中要遵循"三个循环"的建设理念。即在乡村建设的规划设计中贯彻和实现生态循环发展，经济循环发展和社会循环发展的三大基本原则。

生态循环发展的目标是通过太阳能、风能、水力、生物质能及当地可以利用的生态建筑材料等自然资源的利用，同时通过尽可能减少不可降解的材料、化学制品及生活垃圾等因素对农村土壤、水系、空气、居住环境造成的污染等方式，运用乡村建设中"能量守恒"的科学计算方式和设计模式，将乡村建设纳入自然生态循环的体系中去进行。

乡村经济的循环发展模式是通过重新构建以现代农业、农产品精加工业和农村服务业为核心的现代农村产业链，并通过土地消耗减量、农村自然资源的合理利用、农村现代产业经济与城市商业和市场经济一体化架构等方法，在实现农村经济自然循环的过程中，实现传统农业向现代农业的过渡转型。

乡村社会循环发展的核心是，在构建现代农业产业结构体系和生产方式体系的过程中，创造农村再就业的机会，并通过将农民身份转换为现代农场和农庄的现代农业产业工人及农村服务业的服务人员，以及建立农村社会保障体系等方式，逐步实现乡村与城市社会的同步循环发展。

（三）"三大要素"决定乡村功能的重新定位与设计

居住、生产和乡村休闲旅游三大功能要素及其相互之间的关联性，应该成为乡村改造和更新设计过程中重点思考的问题。将城市居住小区的建筑和景观布局形态直接植入乡村的做法，显然和乡村的自然风貌不协调，也是使乡村自然与人文景观遭到整体性破坏的主要原因。

乡村居住改造与更新设计，应当按照地域文化和乡村居住的实际功能，充分利用原有民居及其村落布局形态，充分运用现代建筑的技术手段和新能源新材料新工艺及环保节能的综合设计，进行新旧结合的更新改造。与此同时，进一步完善乡村商业布局以及教育、医疗及文体娱乐和养老等综合服务配套设施的建设，以此来改善和提升乡村居住与生活的整体品质。以现代产业农业及农产品精加工业为核心的农村产业结构布局为依据，以大力促进现代农场、集体农庄和私人租赁农庄及农产品市场销售网络的建设为抓手，重新定位乡村农业生产配套及服务设施建设的合理功能布局，这是乡村更新改造设计的重要任务之一。在农家乐基础上发展起来的乡村休闲旅游业是在中国农村兴起的新型农村服务产业，不仅是农村产业的一种重要补充，而且也是城乡一体化经济及产业链形成过程中的一个非常重要的环节，在引导农村建立良性和多元的就业环境及中国传统乡村和农业文化的体验与传播等方面同样也具有非常积极的作用和意义。实际上，只有将乡村风貌保护与更新改造问题纳入城镇与乡村建设的整体功能布局中，才能真正获得机会和成效。

乡村建设的空间布局、肌理、尺度及形态设计是乡村更新设计中需要认真研究和思考的。乡村改造与更新设计中的空间布局与形态设计很大程度上是由其特定的自然条件、人文因素和整体功能定位所决定的，这也是不同地域的乡村在空间与形态上形成各自不同的风貌与风格特征的主要依据。如何在城、镇、村的空间秩序编排与形态布局之间形成有机的联系,以及城、镇、村之间交通相连的组织方式和水系改造及绿色廊道的设计等,都是乡村更新设计中需要重点考虑的问题。

(四)建立农村服务业,实现城乡商业一体化

城市与乡村协调发展是中国新一轮城镇化建设中的关键性问题。中国城乡发展失衡问题的关键在于城乡之间经济发展与商业模式的不协调。大力发展农村服务业和建立城乡商业一体化的市场与经济发展模式,将成为缩小城乡差距,实现城乡同步发展的重要前提。

科技与教育水平的落后是中国城乡发展不平衡的另一个重要原因。现代科学技术的应用和引领在中国城镇化建设和乡村改造进程中的重要性是不容置疑的。以农村信息化技术推广应用和科技服务体系建设为先导的农村科技创新和服务能力的全面提升,将是缩小中国城乡差距的另一个重要途径。农村教育水平的低下及由此而造成的农村现代化建设人力资源的短缺和专业人才的匮乏必将成为中国乡村建设进程中的一个发展瓶颈。乡村更新改造成功的重要前提,是要在中国广大农村进行广泛而深入的再教育,一方面使得乡村的管理者拥有正确的发展和建设以及管理的理念;另一方面是要让数以亿万计的农民拥有适应现代化农业和农村服务业的从业素质与技能,某种程度上这要比单纯解决农村福利保障问题更为重要。与此同时,我们需要培养大批真正了解和懂得中国农村问题及乡村改造问题的专业人才、技术人才和管理人才。

在中国未来的城镇化与乡村建设道路中,如果能够正确定位城镇与乡村发展的关系,并将乡村风貌保护与更新改造问题纳入城镇化建设的整体功能布局中,那么中国的城镇化建设非但不会以牺牲乡村为代价,相反能够尽可能保护中国的乡村风貌,实现习近平总书记提出的"望得见山、看得见水、记得住乡愁"。

第二节 美丽乡村建设的依据

一、生态文明打造乡村绿水青山

(一)生态文明的演进

回顾人类社会的发展历程,依次经历了原始文明、农业文明和工业文明三个阶段,目前正在向生态文明迈进。不同的阶段,人与自然的关系也各不相同,

从崇拜自然到依赖自然，再到掠夺自然，最终发展为融入自然。

原始文明时期，由于生产力水平极其低下，原始人群在生产中软弱乏力，只能通过采集野果、狩猎动物等方式来获取生活资料。人类在从自然界获取必需的生活资料的同时，也承受着自然的灾害。虽然人类想尽办法克服自然界带来的灾难，但受生产力水平的限制，效果极其有限。在这种背景下就产生了人对自然界的崇拜，将大自然的日月星辰、风雨雷电、土地山河、凶禽猛兽等无不加以神化并对它们产生崇拜。

随着人口的不断增加和生产工具的日益改进，得益于火的使用和农耕的发明，人类进入了农业文明时期。人类发明了青铜器和铁器等工具，使得生产力水平有了质的飞跃，社会发展速度逐渐加快。在这段时期，人类对大自然的开发与改造的能力不断增强，虽然对自然的平衡和生态系统内部的稳定性造成了一定的冲击，如旱涝灾害，但是由于当时的生产力水平并不高，人类使用的工具还仅仅是简单的铁制工具，使用的能源也仅仅是人力、畜力、风力等可再生资源，因此，并没有从根本上破坏自然生态系统的平衡。人类的一切行为都要依赖于自然界，对自然的依赖程度不断加深。

随着生产力的发展，在18世纪，以蒸汽机的横空出世和应用为标志，爆发了第一次工业革命，自此人类进入了工业文明时期。经过三次工业革命，人类从蒸汽机时代进入电气化时代，继而又步入了以信息技术为代表的高科技时代，科学技术得到了巨大发展，生产力水平得到不断提高。但由于人类追求自身利益最大化，无视大自然的承受能力，对自然界肆意掠夺、任意破坏。最终，科学技术在给人类带来前所未有的物质享受的同时，也带来了前所未有的生态破坏以及与之相对应的自然灾害，如水土流失、土地沙漠化、旱涝频发、全球变暖、生物多样性锐减等。此时人与自然的关系发展成征服与被征服、掠夺与被掠夺、奴役与被奴役的关系。

在人类面对全球气候变暖等自然环境问题束手无策时，人类对传统的工业文明进行了反思。工业文明虽然给人类带来了巨额的物质财富，但也给人类带来了无尽的自然灾害，环境污染、生态破坏已经危及人类自身的生存与发展。人类也逐渐认识到，自然资源并非取之不尽、用之不竭，应该遵守自然界系统的规律，与自然和谐共生。人类的科技和经济社会的发展目标应当向协调与自然界的关系进行战略转移。只有合理地利用自然界，才能维持和发展人类所创造的文明。生态文明的思想在此过程中孕育而生，人类开始进入人与自然协调发展的新阶段。

国际上生态文明逐步从边缘走向世界中心的主要标志是联合国等组织发表

的报告和宣言。1972年联合国发表《人类环境宣言》，1987年联合国发表《我们共同的未来》，1992年巴西里约热内卢世界环境发展大会发表了《环境与发展宣言》《21世纪议程》，制定了《联合国气候变化框架公约》，1997年在日本京都召开的联合国气候变化会议制定了《京都议定书》，2009年哥本哈根联合国气候会议达成了《哥本哈根协议》。国内2007年党的十七大首次提出，要"建设生态文明，基本形成节约能源资源和保护生态环境的产业结构、增长方式、消费模式"，这标志着生态文明建设国家发展战略的正式确立及其理论形态的初步形成。2009年，党的十七届四中全会将生态文明建设与经济建设、政治建设、文化建设和社会建设并列。2010年，党的十七届五中全会强调"要加快建设资源节约型、环境友好型社会，提高生态文明水平，积极应对全球气候变化，大力发展循环经济，加强资源节约和管理，加大环境保护力度，加强生态保护和防灾减灾体系建设，增强可持续发展能力"。2012年，党的十八大报告从新的历史起点出发，提出了由生态文明建设与经济建设、政治建设、文化建设、社会建设共同组成的"五位一体"的建设中国特色社会主义总体布局，要求大力推进生态文明建设，加强生态文明制度建设，努力建设美丽中国，实现中华民族永续发展。

（二）生态文明的内涵

1. 社会主义生态文明

党的十八大报告将"大力推进生态文明建设"作为全面建设小康社会的新要求，生态文明理念在全社会得以牢固树立。

社会主义生态文明连同社会主义物质文明、政治文明、精神文明一起，都是社会文明的重要组成部分，它要求人们在改造客观物质世界的同时，不断地克服其负面效应，积极改善和优化人与自然、人与人的关系，建立有序的生态运行机制和良好的社会环境。建设社会主义生态文明要求按客观规律办事，建立人—社会—自然系统的和谐关系，实现生态系统的最优化，同时实现人类社会的可持续发展。社会主义生态文明是社会主义文明体系的基础，社会主义的物质文明、政治文明和精神文明离不开社会主义生态文明，没有良好的生态条件，人不可能有高质的物质享受、政治享受和精神享受。

社会主义生态文明作为一个工业文明之后的社会形态，是一个高度复杂的系统，它包含生态环境层面、物质层面、技术层面、机制和制度层面以及思想观念层面等的重大变革。它要求在"可持续发展"的大前提下，以"循环经济"为发展模式，以最小的资源和环境成本取得最大的经济社会效益，改变目前高消耗、高污染的生产方式，形成新型的生态产业，实现人与自然的和谐；它要求完善社会政治、经济、科学和文化体制，实现人与人、人与社会之间的公正、平等，消灭贫富不均；为了建立起和谐世界，要反对资源侵略和生态殖民；它还要求形成与社会主义生态文明相适应的价值观、伦理观、道德规范和行为准则，构建有助于丰富人的精神世界、促进人的全面发展的适度消费的生活方式。

总而言之，生态文明是人类文明的一种形态，它以尊重和维护自然为前提，以人与人、人与自然、人与社会和谐共生为宗旨，以建立可持续的生产方式和消费方式为内涵，以引导人们走上持续、和谐的发展道路为着眼点。生态文明强调人的自觉与自律，强调人与自然环境的相互依存、相互促进、共处共融，既追求人与生态的和谐，也追求人与人的和谐，而且人与人的和谐是人与自然和谐的前提。生态文明的本质就是人们在人化自然的过程中所形成既有利于人的生存与发展，又有利于自然进化发展的生态环境成果。

2. 传统文化中的生态文明思想

中国传统文化是以儒家学说为主体，道家和佛家文化为补充的多元文化的综合体，而有关生态文明思想的学说也延续了这样的一种文化格局，人与自然的冲突使我国古代先哲们认识到"要先与自然做朋友，然后再伸手向自然索取人类生存所需要的一切"。

儒家生态文明思想的最大亮点就是"天人合一"理论。儒家思想以整体论为出发点，将人类社会的秩序提高到世间万物的高度来进行研究，并指出其存在着的辩证统一关系，这体现了自然与人类道德相互协调、相互促进的特点。《易经》指出，代表天的"乾"是创造力之源，它规定并影响着其他事物的发展；代表地的"坤"则顺应"天"意，辅助万物发展，二者的种种变化演变成了人类社会与世间万物的变化，自然及人类社会的秩序也就由此产生。"有天地，然后有万物；有万物，然后有男女；有男女，然后有夫妇；有夫妇，然后有父子；有父子，然后有君臣；有君臣，然后有上下；有上下，然后礼仪有所错。""乾称父，坤称母；予兹藐焉，乃混然中处。故天地之塞，吾其体；天地之帅，吾其性。民，吾同胞，物，吾与也。"所以，人类要承担起保护大自然的责任与义务。这就要求，人要发挥自己的主观能动性，使人具有道德责任和意识。不仅如此，人类还要通过积极的实践活动来改造自然并建立一种良性的互动关系，以实现二者的平衡。总之，儒家"天人合一"的思想将人置于整体自然环境中加以研究，其目的就在于通过对天与人的论述，告诫人们要尊重自然、保护自然，优化人类的生态环境。

道家生态文明思想的核心在于"万物一体、道法自然"。道家指出，"道"是世间一切事物的本源和共性所在，是世间万物相互联系的动力源泉。道家所说的"道"就是指天地形成之前就已经存在的一个一体的物质，它不以任何实体化的形式存在，却可以不停地运转并成为万物之源头。具体来讲，第一，道家认为自然是一个由世间万物组成的整体，各个生命组织都是相互联系着的。老子认为，"道"是天地万物产生的本源，并通过"气"的中介来说明万物之间连续且和谐的关系。"道生一，一生二，二生三，三生万物，万物负阴而抱阳，冲气以为和。"庄子认为，"天与人一也""天地与我并生，万物与我为一"。人处于天地之中，是自然的一部分，尊重自然是人生存和发展的必要条件。第二，道家提出了"道法自然"的观点。"大道泛兮，其可左右。万物恃之生而不辞，功成不名有。衣养万物而不为主，常无欲，可名于小；万物归焉而不为主，可名为大。""人法地，地法天，天法道，道法自然。"即人以地为法，地以天为法，天以道为法。"万物皆种也，以不同形相禅，始卒若环，莫得其伦，是谓天均。天均者，天倪也。"这说明联系与变化是万物间关系的重要特点。总之，道家的生态自然观要求我们不能人为地破坏自然的正常运转，人类要考虑自身行为可能对自然造成的影响，要尊重自然规律、善待万物，如此才能达到人与自然和谐统一的目的。

生态文明思想也同样蕴含于佛教文化中，它以独特的生态文化观为生态文明思想的不断发展做出了重大贡献。佛教生态文明思想以整体性的视角将个体生命与自然生态连接起来指出天地万物是同源、同根的关系，一切生命都是相互制约和联系的统一体，任何个体的状况都决定着自然整体的状况。佛教生态伦理观认为世间一切生命都具有平等的价值地位，尊重生命，强调众生平等，反对任意伤害生命。

作为世俗文化的代表，儒家生态文明思想以现实需要为立足点，主张"天人合一""兼爱万物""中庸之道"，这对后世产生了深远的影响；道家生态文明思想则对实践层面投入了巨大的关注，它主张"道法自然""尊道贵德""自然无为"，突出强调了顺应自然的重要性，以求达到人与万物同一的境界；佛教生态文明思想在精神层面对生态文明思想产生了重大的影响，其主张"佛性统一""万物平等""慈悲为怀"，这在净化人的心灵、善待万物等方面起到了非常重要的作用。虽然儒、释、道三家有关生态文明思想的学说不尽相同，但是它们都从各自不同的角度阐述了人与自然和谐相处的价值理念，这共同构成了我国传统文化的精髓，并对社会主义生态文明建设具有重要的意义。

(三)生态文明的指导意义

1. 生态文明为美丽乡村建设设计了目标要求

党的十七大报告对生态文明建设目标做了说明,指出"建设生态文明,基本形成节约能源资源和保护生态环境的产业结构、增长方式、消费模式。循环经济形成较大规模,可再生能源比重显著上升。主要污染物排放得到有效控制,生态环境质量明显改善。生态文明观念在全社会牢固树立"。这为美丽乡村建设明确了目标。

2. 生态文明为美丽乡村建设提供了指导思想与原则

党的十八大报告则给出了指导思想与原则,提出包含生态文明建设在内的"五位一体"的总体布局,指出"把生态文明建设放在突出地位,融入经济建设、政治建设、文化建设、社会建设的各方面和全过程,努力建设美丽中国,实现中华民族永续发展"。在生态文明建设中,要"坚持节约资源和保护环境的基本国策,坚持节约优先、保护优先、自然恢复的方针,着力推进绿色发展、循环发展、低碳发展,形成节约资源和保护环境的空间格局、产业结构、生产方式、生活方式,从源头上扭转生态环境恶化趋势,为人民创造良好的生产生活环境,为全球生态安全做出贡献"。

3. 生态文明为美丽乡村建设指明了具体实施途径

党的十八大报告从"优化国土空间开发格局""全面促进资源节约""加大自然生态系统和环境保护力度""加强生态文明制度建设"四方面推进生态文明建设,这也为美丽乡村建设指明了途径。

(1)优化国土空间开发格局

国土作为美丽乡村建设的空间载体,要按照人口资源环境相均衡、经济社会生态效益相统一的原则,控制开发强度,调整空间结构,促进生产空间集约高效、生活空间宜居适度、生态空间山清水秀,给自然留下更多的修复空间,给农业留下更多良田,给子孙后代留下天蓝、地绿、水净的美好家园。严格按照主体功能区战略中所规划的本地区主体功能定位发展,与其他地区共同构建科学合理的城市化格局、农业发展格局、生态安全格局。

(2)全面促进资源节约

节约资源是保护生态环境的根本之策。要节约集约利用资源,推动资源利用方式的根本转变,加强全过程节约管理,大幅降低能源、水、土地消耗强度,提高利用效率和效益。控制能源消费总量,加强节能降耗,支持节能低碳产业和新能源、可再生能源发展，确保能源安全。加强水源地保护和用水总量管理，推进水循环利用，建设节水型社会。严守耕地保护红线，严格土地用途管制。发展循环经济，促进生产、流通、消费过程的减量化、再利用和资源化。

（3）加大自然生态系统和环境保护力度

良好的生态环境是人和社会持续发展的根本基础。要实施重大生态修复工程，增强生态产品生产能力，推进荒漠化、石漠化、水土流失综合治理，扩大森林、湖泊、湿地面积，保护生物多样性。加快水利建设，增强城乡防洪抗旱排涝能力。加强防灾减灾体系建设，提高气象、地质、地震灾害防御能力。坚持以预防为主、综合治理，以解决损害群众健康的突出环境问题为重点，强化水、大气、土壤等污染防治。

（4）加强生态文明制度建设

美丽乡村建设需要完整的制度保障。要把资源消耗、环境损害、生态效益纳入经济社会发展评价体系，建立体现美丽乡村要求的目标体系、考核办法、奖惩机制。建立国土空间开发保护制度，完善最严格的耕地保护制度、水资源管理制度、环境保护制度。建立反映市场供求和资源稀缺程度、体现生态价值和代际补偿的资源有偿使用制度和生态补偿制度。加强环境监管，健全生态环境保护责任追究制度和环境损害赔偿制度。加强美丽乡村宣传教育，增强全民的节约意识、环保意识、生态意识，形成合理消费的社会风尚，营造爱护生态环境的良好风气。

二、科学发展观引领乡村美好未来

（一）科学发展观的演进

发展观经历了单纯经济增长理论、社会发展观、环境保护论、综合发展观四个阶段，最终形成了科学发展观。

单纯经济增长理论以经济增长为追求目标，以工业化为主要内容，认为只要促进经济增长，发展中国家就能摆脱贫穷落后，实现现代化的目标。1956年，刘易斯在出版的《经济增长理论》一书中谈道，"发展中国家经济落后的原因在于工业化程度不高，经济馅饼不大；而加快工业化的步伐，提高工业化的程度，把经济馅饼做大，就会导致经济增长和社会进步"。这种观点强调追求单纯片面的经济增长，认为国民生产总值的提高就是发展，就可以摆脱贫困。这种发展观没有把"发展"与"增长"这两个概念区分开，实际上是把发展、进步等同于经济增长。这种发展道路没有给发展中国家带来真正的经济增长，反而使其品尝到了"有增长无发展"和"没有发展的经济增长"的苦果。这些国家与发达国家的差距不但没缩小反而日益扩大，出现了经济结构畸形、二元化结构突出、通货膨胀加剧、失业人数增加、分配不公、贫富悬殊、社会动荡、环境恶化等问题。

到了 20 世纪 60 年代末，人们开始对"发展就是经济增长"的发展观进行批判性反思，越来越多的学者清楚地认识到：按国民生产总值和人均国民生产总值衡量的"发展"并没有惠及普通老百姓的日常生活，就业问题、收入分配不平等和严重贫困状况并没有改善，于是就有了发展是建立在经济增长基础上的社会变革的发展观，强调经济增长与社会变革的统一。这既肯定了经济增长对于发展的基础性作用，又强调了发展中质的变化是社会变革。发展不只是国民生产总值的增长，而且包括整个经济、文化和社会发展过程的上升运动。这实质上指出发展是一个摆脱贫困、实现现代化的过程，即从传统农业社会向现代化社会转变的过程。社会发展观强调经济增长只是发展的手段，改善收入分配状况和消除贫困才是发展的终极目标，但这种发展观在发展中国家并没有引起积极的应用，其原因一方面可能是某地观点和政策方案过于偏激，忽略了经济增长的积极作用，与当时发展中国家极力发展经济、改善贫困的状况不符。另一方面可能是发展中国家的经济增长需求强烈，对经济发展所可能引起的代价问题重视不足或持有意宽容的态度。这种发展观还有待完善。

与此同时，针对经济增长论的缺陷以及工业文明带来的负效应，经济学家及环境学家纷纷对它提出批判，并提出了以"宇宙飞船经济"理论、增长极限论和循环经济发展观为代表的环境保护论。"宇宙飞船经济"理论的观点认为，我们人类唯一赖以生存的最大的生态系统是地球，而地球只不过是茫茫无垠的太空中的一艘小小的太空船（即宇宙飞船）。人口和经济不断发展，终将用完这个"飞船"内有限的资源。而人类生产和生活所排放的废物最后会污染"飞船"舱内的一切。到那时，整个人类社会就会崩溃。因此，人类必须建立起能预防资源枯竭，防止环境污染、生态破坏，循环利用各种物质的循环式经济体系。增长极限论的中心论点是人口增长、粮食生产、投资增长、环境污染和资源消耗具有按指数增长的性质，但人类生活的空间、可用的资源以及地球吸纳、消化污染的能力都是有限的，如果按目前的趋势继续增长下去，世界将面临一场"灾难性的崩溃"，其解决问题的办法是停止增长即零增长。环境保护论最大的贡献是警醒人们重视资源环境对增长的制约，使人们认识到了资源环境问题的重要性。然而，这种观点过于悲观，解决环境问题的办法就是停止发展，是深受贫困和饥饿折磨的广大发展中国家根本无法接受的。环境保护论低估了科技进步的作用和速度,看不到人的主观能动性和对既成发展界限的突破性,缺乏认识发展的社会和政治维度。

自20世纪70年代末,人们对发展观的认识转向了"综合的发展"和"人"。人们开始认识到发展不仅仅是经济发展,而且是社会全面发展和人与自然的和谐发展。根据对社会系统中不同元素的概括,综合发展观包括"发展＝经济增长＋环境保护＋社会进步"的可持续发展观、"发展＝经济增长＋环境保护＋社会进步＋人的发展"的综合发展观、"以人为中心"的人类发展观。综合发展观的价值观首先表现在它由单纯经济增长论的以经济增长为价值取向转向以社会的整体发展为价值取向;其次,体现了以人为中心,注重人和社会、自然的和谐,扭转了以物为中心的发展观。可以说这一新发展观标志着西方发展理论开始走向成熟,因为它开始反思和批判自身的发展及其发展理论,揭示了发展理论的核心和本质问题,强烈地冲击着传统的发展理论,对以后的发展理论和现代化理论产生了深远影响。但它仍然过于强调发展中国家要走西方发达国家的发展老路,没有摆脱"西方中心论"的模式,忽视了发展中国家自身的发展特点和内在转型的需要,这恰恰正是第三世界国家发展滞缓,甚至是与发达国家的差距拉大的原因之所在。

科学发展观是对党的三代中央领导集体关于发展的重要思想的继承和发展,是马克思主义关于发展的世界观和方法论的集中体现,是我国经济社会发展的重要指导方针,是发展中国特色社会主义必须坚持和贯彻的重大战略思想,科学发展观注重发展的和谐性、全局性与永续性,应时而变。其以科学发展为主题,以转变发展方式为主线,以人为本为核心,以实现全面协调可持续为基本要求,以统筹兼顾为根本方法,通过调整社会系统各种要素之间的关系并协调其发展,坚持生产发展、生活富裕、生态良好的和谐文明发展道路。科学发展观的提出,既是对世界范围内发展观演化所体现的进步理念的继承,又是这种演化的最新成果。

(二)科学发展观的内涵

科学发展观,第一要义是发展,核心是以人为本,基本要求是全面协调可持续,根本方法是统筹兼顾。

1. 发展是科学发展观的第一要义

发展,对于全面建设小康社会、加快推进社会主义现代化具有决定性意义。要牢牢扭住经济建设这个中心,坚持聚精会神搞建设、一心一意谋发展,不断解放和发展社会生产力。实施科教兴国战略、人才强国战略、可持续发展战略，着力把握发展规律、创新发展理念、转变发展方式、破解发展难题，提高发展质量和效益，实现又好又快发展，为发展中国特色社会主义打下坚实基础。努力实现以人为本、全面协调可持续的科学发展，实现各方面事业有机统一、社会成员团结和睦的和谐发展。农村、农业和农民问题始终是中国现代化建设的根本问题，因此，发展农村经济、增加农民收入成为美丽乡村建设的中心环节。只有农村经济发展了，农民收入增加了，才能真正提高农民的物质生活和文化生活水平，促进农村各项事业的全面发展，实现城乡经济社会的良性互动和和谐发展，才能为建设美丽乡村奠定物质基础。

2. 以人为本是科学发展观的核心

全心全意为人民服务是党的根本宗旨，党的一切奋斗和工作都是为了造福人民。要始终把实现好、维护好、发展好最广泛人民的根本利益作为党和国家一切工作的出发点和落脚点，尊重人民主体地位，发挥人民首创精神，保障人民各项权益，走共同富裕道路，促进人的全面发展，做到发展为了人民、发展依靠人民、发展成果由人民共享。广大农民群众是推动生产力发展最活跃、最积极的因素。能否充分发挥广大农民群众的主体作用，是决定美丽乡村建设能否取得成功的关键。而把农民作为美丽乡村建设的主体，恰恰贯彻和落实了科学发展观的核心即以人为本的根本要求。只有把农民视为美丽乡村建设的基本依靠力量，才能最广泛、最充分地调动农民建设美丽乡村的积极性、主动性和创造性。美丽乡村建设的每一个目标，都应紧紧围绕农民群众的根本利益，以增加农民收入、保障农民权益、提高农民的生活水平和生活质量、改善农民生活条件和生活环境、提高农民综合素质、切实保障广大农民的合法权益为出发点，确保让农民真正成为美丽乡村建设的受益者。

3. 全面协调可持续是科学发展观的基本要求

要按照中国特色社会主义事业总体布局，全面推进经济建设、政治建设、文化建设、社会建设和生态文明建设，促进现代化建设各个环节、各个方面相协调，促进生产关系与生产力、上层建筑与经济基础相协调。坚持生产发展、生活富裕、生态良好的文明发展道路，建设资源节约型、环境友好型社会，实现速度和结构质量效益相统一、经济发展与人口资源环境相协调，使人民在良好的生态环境中生产生活，实现经济社会的永续发展。因此，在建设美丽乡村的过程中，应通过发展和创新农村经济组织，把先进的生产方式、现代化的管理手段、可持续发展的理念运用于农业生产的各个环节，加速现代生产要素的积累,从而实现农业的经济效益、社会效益、生态效益的高度统一,促进传统农业向现代农业转变。

4. 统筹兼顾是科学发展观的根本方法

要正确认识和妥善处理中国特色社会主义事业中的重大关系,统筹城乡发展、区域发展、经济社会发展、人与自然和谐发展、国内发展和对外开放,统筹中央和地方关系,统筹个人利益和集体利益、局部利益和整体利益、当前利益和长远利益,充分调动各方面积极性。在美丽乡村建设过程中,在统筹兼顾的基础上,各地应坚持从实际出发,在搞好科学规划和抓好试点示范的基础之上,因地制宜、分类指导、量力而行、循序渐进,摒弃强求一律、盲目攀比、急于求成等思想倾向,不搞形式主义,使美丽乡村建设取得实实在在的成效。

(三)科学发展观的指导意义

1. 科学发展观为美丽乡村建设指明了总的目标

党的十七大报告指出:"必须坚持把发展作为党执政兴国的第一要务。发展,对于全面建设小康社会、加快推进社会主义现代化,具有决定性意义。要牢牢扭住经济建设这个中心,坚持聚精会神搞建设、一心一意谋发展,不断解放和发展生产力。""解决好农业、农村、农民问题,事关全面建设小康社会大局,必须始终作为全党工作的重中之重。"由此可见,按照科学发展观的精神实质,美丽乡村建设的总目标就是实现农业、农村和农民的发展,从而全面建成小康社会,而不是简单地改变村容、村貌或村风的形象工程。美丽乡村建设这一历史任务是长期而艰巨的,必须以此为总目标来确定不同地方、不同时期的具体目标,在实践中应避免盲目性、形式化、短期性的做法。

2. 科学发展观为美丽乡村建设提供了科学的价值判断标准

价值判断标准问题是事关美丽乡村建设这项事业是否符合社会主义性质和中国共产党的根本宗旨的问题,也是事关美丽乡村建设成败的问题。党的十七大报告指出:"必须坚持以人为本。全心全意为人民服务是党的根本宗旨,党的一切奋斗和工作都是为了造福人民。要始终把实现好、维护好、发展好最广大人民的根本利益作为党和国家一切工作的出发点和落脚点,尊重人民主体地位,发挥人民首创精神,保障人民各项权益,走共同富裕道路,促进人的全面发展,做到发展为了人民、发展依靠人民、发展成果由人民共享。"这就给美丽乡村建设提供了基本的价值判断标准。根据科学发展观的内涵,美丽乡村建设一切工作得失成败的价值判断或者说检验标准,就是能否坚持发展为了广大农民，发展依靠广大农民，发展成果惠及广大农民；就是广大农民满意不满意、拥护不拥护、赞成不赞成。只有始终坚持这个标准，美丽乡村建设才有不竭的动力。

3. 科学发展观为美丽乡村建设明确了基本要求

科学发展观的基本要求是全面协调可持续，具体来说就是"要按照中国特色社会主义事业总体布局，全面推进经济建设、政治建设、文化建设、社会建设，促进现代化建设各个环节、各个方面相协调，促进生产关系与生产力、上层建筑与经济基础相协调。坚持生产发展、生活富裕、生态良好的文明发展道路，建设资源节约型、环境友好型社会，实现速度和结构质量效益相统一、经济发展与人口资源环境相协调，使人民在良好的生态环境中生产生活，实现经济社会的永续发展"。根据科学发展观的基本要求，美丽乡村建设既要按照生产发展、生活富裕、乡风文明、村容整洁、管理民主的总要求，全面推进农村经济建设、政治建设、文化建设和社会建设，又要注重节约资源、保护生态；既要注意统筹安排，又要主次有别，轻重分明，缓急有序，保证农村经济社会全面协调而永续发展。

4. 科学发展观为美丽乡村建设提供了科学的方法论指导

只有在科学方法论的指导下，美丽乡村建设才能实现其正确的目标。科学发展观的根本方法是统筹兼顾，也就是"要正确认识和妥善处理中国特色社会主义事业中的重大关系，统筹城乡发展、区域发展、经济社会发展、人与自然和谐发展、国内发展和对外开放，统筹中央和地方关系，统筹个人利益和集体利益、局部利益和整体利益、当前利益和长远利益，充分调动各方面积极性""既要总揽全局、统筹规划，又要抓住牵动全局的主要工作、事关群众利益的突出问题，着力推进、重点突破"，这就给美丽乡村建设提供了科学的方法论指导。以科学发展观指导美丽乡村建设，根本方法就是既要统筹城乡发展，正确处理好城乡关系、工农关系，真正建立以工促农、以城带乡的长效机制，形成城乡经济社会发展一体化新格局，又要总揽美丽乡村建设的全局，避免片面发展，还要善于在纷繁复杂的矛盾中抓住主要矛盾，在千头万绪的工作中抓好主要工作，在错综复杂的问题中破解突出难题，解决关键问题。

三、四化同步推动乡村跨越发展

(一) 新型城镇化的演进

1. "旧四化"的演变

我国伟大的人民革命的根本目的是,从帝国主义、封建主义和官僚资本主义的压迫中,从资本主义的束缚和小生产的限制中,解放我国的生产力,使我国国民经济能够沿着社会主义的道路得到有计划的、迅速的发展,以提高人民的物质生活和文化生活的水平,并且巩固我们国家的独立和安全。我国的经济原来是很落后的,如果我们不建设强大的现代化的工业、农业、交通运输业和国防,我们就不能摆脱落后和贫困的状况。

2. "新四化"的提出

坚持走中国特色城镇化道路,科学制定城镇化发展规划,促进城镇化健康发展。新型城镇化开始全面指导全国城乡建设。

(二) 新型城镇化的内涵

新型城镇化是以城乡统筹、城乡一体、产城互动、节约集约、生态宜居、和谐发展为基本特征的城镇化,是大中小城市、小城镇、新型农村社区协调发展、互促共进的城镇化。新型城镇化的核心在于不以牺牲农业和粮食、生态和环境为代价,着眼于农民,涵盖农村,实现城乡基础设施一体化和公共服务均等化,促进经济社会发展,实现共同富裕。

新型城镇化的指导思想是科学发展观,就是要坚持以人为本,以统筹兼顾为原则,走全面协调可持续发展的道路,推动城市现代化、农村城镇化、生态化、规范化,进一步提升城镇化的质量和水平,使社会更加和谐,城镇功能更加完善,进一步突破城乡二元结构的模式。其中,新型城镇化的"新"就是相对于过去片面注重追求城市规模扩大、楼房增多增高来说的,转变为以提升城镇的居住环境、公共服务等内涵为中心,真正提升城镇宜居程度。彻底扭转将"扩规模、建高楼"作为城镇化标志的病态认识,真正做到使人口从农村到城市安居乐业。

(三) 新型城镇化的指导意义

新型城镇化的发展有利于加快我国现代化的步伐,是可持续发展的根本途径。在新四化的推动下,促进农业现代化和工业现代化,更好地适应经济全球化。新型城镇化对未来乡村发展的指导作用可以从以下几个方面体现。

1. 明确了农村发展的方向

新型城镇化不单是城区扩展、城市人口增加的城镇化，而是农村与城市共同发展，农村人口与城市人口保持合理比例的城镇化。农村与城乡应是一个有机的整体，承担着不同功能的彼此协作关系，双方应共同发展，形成一个包括城市乡村在内的和谐的地域综合体。农村享有城市生活之便利，城市享有乡村的绿色环境。

2. 确定了农村在经济发展中的角色

新型城镇化是城市和乡村共同发展的城镇化，城市和乡村承担着不同的角色。城市作为一个人口集中的聚落，主要承担着商业、居住、交通和工业生产的功能，而农村的主要发展目标是在发挥好自己的粮食生产功能的同时，根据自身的区域特点发展具有比较优势的农业类型，提高农户的收入。除生产功能外，农村还要发挥生态功能、旅游功能和文化功能，与城市功能形成一个整体。

3. 提出了农村发展目标

新型城镇化要求打破城乡二元结构的差别，彻底改变农村脏、乱、破的景观面貌，贫穷、封闭、落后的社会面貌，以及文化程度低、陋习多、思想旧的精神面貌，将农村建设成一个规划合理、干净清洁、生态宜居、交通通达、基础设施完善、文化氛围浓厚、人口综合素质高、人民生活幸福的新社区，与城市无生活质量上的差异，只是生活环境不同的生产生活兼备的居住区。

四、美丽中国绘就乡村宏伟画卷

（一）新农村建设的演进

1. "乡供城"阶段

1949年中国共产党带领中国人民夺取了革命的胜利，建立了社会主义新中国。刚刚成立的新中国社会生产关系还属于私有制，为此，中央政府开始了对私有性质的农业、手工业和资本主义工商业的社会主义改造，1956年我国完成了三大改造正式进入社会主义社会。当时的主要矛盾是人民日益增长的物质文化需求与中国落后的生产力水平之间的矛盾，发展经济就是解决这一矛盾的根本途径。作为一个落后的农业大国，为了尽快实现国家富强、人民富裕，国家制定了工业化优先发展的战略，发展工业需要的资金主要来源于农业剩余，农民要为国家的工业化做出贡献。为了加快农业发展的速度，1956年第一届人大第三次会议通过的《高级农业生产合作社示范章程》提出了"建设社会主义新农村"的奋斗目标。1957年10月27日《人民日报》发表了《建设社会主义新农村的伟大纲领》，这是我国第一次正式提出社会主义新农村建设这一概念。当时以"楼上楼下，电灯电话，耕地不用牛，点灯不用油，饭前葡萄酒，饭后水果糖"来描绘新农村的前景。20世纪60年代初，由于农业生产力水平低和1959年至1961年遭遇了三年自然灾害，中国出现了粮食危机，中央决定减少城镇人口，号召城市年轻人到农村去发展，以减少城镇粮食消费量。为了将城市人口转移到农村，1963年12月，中央起草并下发了《中共中央、国务院关于动员和组织城市知识青年参加农村社会主义建设的决定（草案）》（以下简称《决定》），《决定》提出，在今后一个相当长的时期内，要动员和组织大批城市知识青年下乡参加农业生产，"建设社会主义的新农村"。建设社会主义新农村，在我国城市知识青年中逐渐形成一个革命浪潮。这一时期的社会主义新农村建设取得了一定的成绩，涌现了以大寨为代表的一批典型，农业和农村得到一定的发展，农民的生产生活条件得到一定的改善。国家提出了水利化、机械化、良种化、化学化等措施，毛泽东还提出了"水利是农业的命脉""农业的根本出路在于机械化"以及农业"八字宪法"等思想，并在全国大修水利，兴建了很多水库和灌溉工程，这些工程很多到现在仍然在发挥着作用。在新农村建设中，中央逐步建立了包括劳动保险、困难补助、生活补贴、社会救济和农村"五保"供养制度，1958年以后在人民公社建立了敬老院、合作医疗等简易的社会保障组织，在一定程度上改善了农民的生产生活条件。在新农村建设中，一些地方发扬吃苦耐劳、自力更生、艰苦奋斗的拼搏精神，顽强地同自然做斗争，把不利条件变成了有利条件，迅速地发展了生产，改善了人民生活。这一时期的社会主义新农村建设只是一种动员手段，没有实质性的资金、技术等物质投资，其目的是鼓励农村自身发展，然后支持工业、支持城市。这一时期的做法超越了发展阶段，因此，不可能建成真正的社会主义新农村。

党的十一届三中全会以来，我国农村发生了许多重大变化，其中，影响最深远的是，普遍实行了多种形式的农业生产责任制，而联产承包制又越来越成为主要形式。联产承包制采取了统一经营与分散经营相结合的原则，使集体优越性和个人积极性同时得到发挥。这一制度的进一步完善和发展，必将使农业社会主义合作化的具体道路更加符合我国的实际。这是在党的领导下我国农民的伟大创造，是马克思主义农业合作化理论在我国实践中的新发展。

2. "城带乡"阶段

2002年11月，党的十六大提出了全面建设小康社会的宏伟目标，要求在21世纪头二十年集中力量建设惠及十几亿人口的更高水平的小康社会。由于长期在农业为工业发展服务的政策下，农村发展已远远落后于工业，要实现惠及十几亿人口的更高水平的小康社会目标，重点和难点在农村。为了加快农村发展，必须打破城乡二元体制，树立科学发展观，坚持城乡统筹发展。为此，在2003年初召开的中央农村工作会议上，胡锦涛提出要把"三农"问题，作为全党工作的重中之重，放在更加突出的位置。为了切实减轻农民负担，新一届领导班子上任后立刻把农村改革列入四项改革之首，并在部署近期工作时把农村税费改革工作列入第一项。2003年11月，党的十六届三中全会提出了科学发展观和"统筹城乡发展"中的"五个统筹"的要求，明确了城乡的协调发展关系。2004年3月，温家宝同志宣布中国将在5年内取消农业税。2004年9月胡锦涛在党的十六届四中全会上明确提出，我国现在总体上已到了以工促农、以城带乡的发展阶段。2005年全国26个省、市、自治区免掉了农业税，2006年全国全部免除农业税，并对农村九年义务教育实行"两免一补"，标志着"城带乡"的实践正式开始。

2005年10月，党的十六届五中全会通过的《中共中央关于制定国民经济和社会发展第十一个五年规划的建议》（以下简称《建议》），提出了"建设社会主义新农村"的时代命题。《建议》明确而全面地提出了"社会主义新农村"建设的总体目标和具体的建设措施。

2006年1月25日，胡锦涛主持中共中央政治局第二十八次集体学习时强调，要"深刻认识建设社会主义新农村的重要性和紧迫性，切实增强做好建设社会主义新农村各项工作的自觉性和坚定性，积极、全面、扎实地把建设社会主义新农村的重大历史任务落到实处，使建设社会主义新农村成为惠及广大农民群众的民心工程"。2006年2月，中共中央举办了省部级主要领导干部建设社会主义新农村专题研讨班，使省部级主要领导干部不断提高认识，真正把思想统一到中央关于建设社会主义新农村的重大决策和部署上来，努力提高建设社会主义新农村的能力和水平。2月21日，中央下发了《中共中央国务院关于推进社会主义新农村建设的若干意见》，提出了建设社会主义新农村的重大历史任务。

积极推进城乡统筹发展。建设社会主义新农村是我国现代化进程中的重大历史任务。要按照生产发展、生活宽裕、乡风文明、村容整洁、管理民主的要求，坚持从各地实际出发，尊重农民意愿，扎实稳步推进新农村建设。坚持"多予，少取，放活"，加大各级政府对农业和农村投入的力度，扩大公共财政覆盖农村的范围，强化政府对农村的公共服务，建立以工促农、以城带乡的长效机制。搞好乡村建设规划，节约和集约使用土地。培养有文化、懂技术、会经营的新型农民，提高农民的整体素质，通过国家的扶持政策，明显改善广大农村的生产生活条件和整体面貌。

（二）新农村建设的内涵

社会主义新农村建设的总体要求为"生产发展、生活宽裕、乡风文明、村容整洁、管理民主"。

1. 生产发展

建设社会主义新农村首先经济必须要得到充分的发展，振兴农村经济、加快农村经济发展、增加农民收入是新农村建设的首要任务。较先进的生产方式和较高的生产力是农民收入的源泉，是农民解决自身就业问题的最重要的方式，生产不发展，农民就无法安居乐业。农村生产是否发展直接影响到农村经济，而经济基础雄厚是新农村基础设施建设的物质基础，是人民过上丰富的物质生活和享受愉悦的精神生活的保证，只有生产发展了，农民才能在家乡过上安居乐业的生活。没有产业，新农村建设就是海市蜃楼、美丽的泡沫。因此，发展生产、振兴农村经济是社会主义新农村建设的首要目标。

2. 生活宽裕

在生产发展的基础上，农村产业发展成果必须为农民享有，使农民的财富增加，让农民过上相对宽裕的生活。"生产发展"和"生活宽裕"属物质文明建设，"生产发展"是新农村建设的物质基础，"生活宽裕"是新农村建设的成果、具体体现和最终目标。社会主义新农村的一个基本特征就是农民必须过上富裕的生活，农民生活宽裕了才能满足其物质上的需求，才能除掉农民背负的三大负担：教育支出、医疗支出、住房支出。农民才能有条件提高自身的文化素质和思想觉悟，发展自己的各项技能，提高适应社会发展和职业发展的能力。

3. 乡风文明

新农村除经济发展以外，精神文明生活也要提高，在农村形成良好的社会风气，摒弃如参与赌博、信奉邪教、迷信医疗偏方等有违科学的陋习，保留如尊老爱幼、孝敬父母等中国优良传统美德和特色的乡土文化。农民享有丰富多彩的文化生活，拥有多种多样的娱乐方式，生存在一个安定和谐的聚落环境里，人与人之间互帮互助、团结友爱，关系和睦。农民既掌握着现代科技知识、学会了现代文明的生活方式，又秉承着中华民族健康的生活习惯。

4. 村容整洁

通过新农村建设改变农民的生存环境，让农民有新鲜的空气、洁净的水源、整洁的村庄、平整的道路、优美的农业和村落景观。过去20年的工业化和城镇化使农村人口大量流向城市，农村成了发展的塌陷区，农村空心化现象十分普遍。许多农民打工挣了钱，盖了新房，但是由于缺乏整体规划，整个村落很散乱，没有道路，垃圾满地，民间流行的顺口溜夸张又形象地反映了乡村污染日趋严重的历史："六十年代淘米洗菜，七十年代饮水灌溉，八十年代水质变坏，九十年代鱼虾绝代，到了今天，癌症灾害。""村容整洁"就是要按照生态学原理、美学原理建设一个健康、美丽的社会主义新农村。

5. 管理民主

就是落实和完善村民自治、民主选举和民主监督机制，实现农民自己当家作主。让农民有法制观念，正确行使自己的权力，有维护自己应有的权益的意识，知道哪些事该做，哪些事不该做，有公正、公平的意识和高超的辨别能力。村民自治的形式应该根据各地的不同情况而表现出多样性。评价村民自治的形式先进与否，应当以能否推动农村的社会和谐和经济进步为标准，应当以建设非农的先进村庄为方向，以"建设社会主义新农村"为目标。"管理民主"就是要建设政治文明，这是建设新农村的政治保证。

（三）新农村建设的指导意义

新农村建设的总体要求指明了新农村建设的总体方向。十六届五中全会提出的新农村建设的总要求，点亮了未来新农村建设的前进方向，从宏观上构想出了农村建设的目标，即社会主义新农村应该是农民的就业场所和生活之地，拥有丰富的文化活动形式和优美的环境，农民更加文明，可以行使民主权利，实现自我发展，自我管理。

新农村建设的总体要求勾勒了社会主义新农村的发展蓝图，为新农村建设提供了一幅总体规划建设图纸，指导新农村应该从哪几个方面来建设。新农村建设理论用言简意赅的20字，描绘了包括生产、生活、文化、景观和社会民主政治等在内的未来农村的面貌，为农民建设自己的美丽家园展示了一幅可以比照的画卷，激励着农民积极地建设自己的家乡，提升他们对家乡的热爱。

新农村建设的总体要求阐释了社会主义新农村建设的根本目标，即为谁而建，建设成一个什么样的农村，农民的生活如何。新农村建设理论阐明了新农村建设的根本目的是让农民安居乐业、自由地发展自己和表达自己的思想，自主地行使应有的权利，农村生活与城市生活相比，只是生活方式上的不同，而无生活质量上的差别。总之，社会主义新农村建设就是为了消除城乡差别，根本目的就是让农民过上幸福安康的生活。

第三节　美丽乡村建设的现状

一、美丽乡村建设的现状分析

（一）乡村建设面貌

与城市相比，一直以来，我国大部分乡村地区的居民住宅较为分散，广场、道路等基础设施比较落后，老旧、危险的农房依然成片存在，河道水系的淤积断流现象比较严重。近几年来，随着美丽乡村建设的推广和深入，在各级政府的不懈努力下，乡村人居生态环境得到了一定的改善。

总体来讲，随着城镇化建设的加快，老旧、危险的农房因各种征地拆迁而逐渐消失，乡村农房改造趋向于统一规划设计，居民住宅被集中安置。当前已建成了许多典型的乡村社区，如浙江省义乌市积极创新农房改造模式，形成了一套具有当地特色的经验做法，基本完成了区内乡村旧房拆除改造工作。

目前，很多地方乡镇级政府也已着手开始河道水系的整治工作，主要涉及河道清淤疏浚和人工护岸建设等。例如，北京市采用生态清洁小流域综合治理模式，以小流域为单元，以水源保护为中心，以溯源治污为突破口，在全面规划的基础上合理安排农、林、牧、副、渔各业用地，因地制宜地布设综合治理措施，从一家一户做起，全面推进生态村镇建设。江苏省以县乡河道疏浚工程为重点，将疏浚整治和长效管理并行，实行"以奖代补"专项补助政策。

尽管饮用水水质还有待进一步提高，但是很多乡村地区已实现了自来水的集中供应。随着自来水安装入户，很多居民家中安装抽水马桶以取代原有的旱厕，且相应的污水管道也在逐步推广建设中，生活污水集中处理效率日益提高。其中，乡村生活污水处理的技术研究始于"九五"期间，当时，清华大学等单位在滇池流域污染治理项目中选用人工复合生态床、地下土壤渗滤等作为乡村生活污水处理的技术手段。

乡村绿化景观建设也取得了一定的进展，在实践过程中很多地区都积累了丰富的经验。北京地区的乡村经过绿化景观建设，使得原有乡村呈现出"村在林中、路在绿中、房在园中、人在景中"的状态。而上海则鼓励乡村住户在自家院落中种植蔬菜和果树等绿色植物。相比之下，浙江的乡村建设起步较早，从安吉乡村建设开始，已较为全面地涉及乡村道路、河道、院落、宅旁绿化和公共绿地的建设，为乡村居民提供了优美的乡村聚落景观和居住生活环境。

乡村道路逐步得到硬质化修缮，尤其在中东部经济发达地区，几乎实现了村村通水泥路的状态。另外，乡村固体废弃垃圾收集与处理也逐渐得到落实和实施。这些举措改变了传统乡村原有的雨天泥水路、污水靠蒸发、垃圾靠风刮等脏乱差的乡村环境面貌。

然而，无论是新农村建设还是美丽乡村建设，乡村的声环境和能源利用方面均很少受到关注，乡村节能降噪的问题急需得到重视和解决，相关工作的开展任重道远。

美丽乡村建设改变了乡村现有自然环境和以农耕产业为主的风貌。在各级地方政府积极的行动下，乡村旅游业、有机农业、休闲农业、规模养殖等产业得到大力发展，打造出多个乡村品牌，拉长了产业链条，加快了产业集聚，改善了乡村居民的生活水平。在农业开发方面，现代农业、特色农业的深入发展使得乡村经济水平得到提升，为乡村面貌改善提供了经济基础，带动了乡村人文精神文化的发展，使得乡村居民的生活生产心态更加积极向上。

（二）乡村建设的典型模式

近几年来，各级政府采取一系列行动大力开展美丽乡村建设，并已取得阶段性的成果。乡村面貌总体上获得改善，服务功能全面优化，农民主体地位提高，农业增产，农民增收，城乡差距逐渐缩小，广大农民群众切实体会到了幸福感，涌现出一批乡村建设典型模式。2014年农业部（现为农业农村部）发布美丽乡村创建的十大模式，分别是产业发展型模式、生态保护型模式、城郊集约型模式、社会综合治理型模式、文化传承型模式、渔业开发型模式、草原牧场型模式、环境整治型模式、休闲旅游型模式和高效农业型模式。

1. 产业发展型模式

主要特点是产业特色鲜明、优势明显，农民专业合作社和乡村龙头企业发展基础较好，整体产业化水平高，农业产业生产聚集、规模化经营，农业产业链条不断延伸，对当地经济发展的整体带动十分明显。该类型模式主要分布在东部沿海等经济相对发达地区，其特点是产业优势和特色明显，初步形成"一村一品""一乡一业"。产业发展型模式的典型包括江苏省张家港市南丰镇永联村、北京市门头沟区妙峰山镇樱桃沟村等。

2. 生态保护型模式

主要特点是自然条件优越，水资源、森林资源等自然资源丰富，传统田园风光和乡村特色保存完整，生态环境优势助推经济发展的潜力巨大。该类型模式主要集中在环境污染少、生态优美的地区。例如，浙江省安吉县是中国首个生态县、全国首批生态文明建设试点地区，2012年获得"联合国人居奖"。安吉县的特色在于始终坚持以生态文明理念推进乡村建设，坚持生态立县，按照"创业增收生活美"的要求积极发展乡村生态农业，为农民提供创业就业的机会。在美丽乡村建设的实践中，将新农村建设的20字方针具体化、形象化、可操作化，持续推进城乡基础设施建设、生态建设和文化建设。

3. 城郊集约型模式

主要特点是经济条件较好，交通便捷，公共设施和基础设施比较完善，农业产业呈现集约化，且规模化水平较高，具有较高的土地产出率，农民平均收入水平较高，是周边城市重要的"菜篮子"。因此，该类型模式主要分布在大中城市郊区。例如，北京通州区于家务回族乡果村将设施农业作为发展重点，大力发展蔬菜种植业，通过重新规划调整农村集体土地、组建农村专业合作社、建立农村田间学校、筹建蔬菜批发市场等措施，推动了蔬菜种植业的规模化、组织化、专业化和市场化，提高了土地资源利用率和农民劳动生产率，增加了农民的收入。

4. 社会综合治理型模式

主要特点是地理位置条件好，基础设施相对完善，经济基础强，且带动作用较大。该类型模式主要分布在人数较多、规模较大、居住较集中的村镇。其典型如吉林省扶余市弓棚子镇广发村。

5. 文化传承型模式

主要特点是乡村文化资源丰富，具有独特的民俗文化和非物质文化，文化展示和传承潜力巨大。该类型模式主要分布在具有特殊人文景观的地区，包括古村落、古民居聚集区等。例如，浙江永嘉县以古村落保护利用为重点，在楠溪江畔散落着220个古村落，这些被称为"中国乡土文化史书库"的村落极具开发价值。永嘉县提出"村外建新村，村内搞整饬"，出台了一系列的保护政策，引导这些居民向城镇迁移，对这些历史文化村落展开抢救性保护。通过这些措施，这些村落的乡村文明得以展示和传承，并依托楠溪江优秀的自然风光，通过对人文资源进行开发，大力开发旅游业，积极挖掘本地人文自然资源，精心打造美丽乡村生态旅游，使楠溪江旅游业前景美好，吸引了大量游客前来游玩。另外，河南省洛阳市孟津县平乐镇平乐村，按照"有名气、有特色、有依托、有基础"的四有标准，利用资源优势，以牡丹画产业发展为龙头，扩大乡村旅游产业规模，不仅增加了农民收入，也壮大了村级集体经济。

6. 渔业开发型模式

主要特点是产业以渔业为主，通过发展渔业促进就业，增加渔民收入，繁荣农村经济，渔业在农业产业中占主导地位，该类型模式主要分布在沿海和水网地区的传统渔区。其典型如广东省广州市南沙区横沥镇冯马三村。

7. 草原牧场型模式

主要特点是牧区经济发展产业以草原畜牧业为主。该类型模式主要分布在我国牧区、半牧区的县（旗、市），占全国国土面积的40%以上。其典型如内蒙古锡林郭勒盟西乌珠穆沁旗浩勒图高勒镇脑干哈达嘎查。

8. 环境整治型模式

主要特点是农村环境基础设施建设滞后，环境污染问题严重，当地农民群众对环境整治的呼声高、反映强烈。该类型模式主要分布在农村脏乱差问题突出的地区，其典型如广西壮族自治区恭城瑶族自治县莲花镇红岩村。

9. 休闲旅游型模式

主要特点是旅游资源丰富，住宿、餐饮、休闲娱乐设施完善齐备，交通便捷，距离城市较近，适合休闲度假，发展乡村旅游潜力大。该类型模式主要分布在适宜发展乡村旅游的地区，其典型如江西省婺源县江湾镇、南京市江宁区石塘村、贵州省兴义市万峰林街道纳灰村。

10. 高效农业型模式

主要特点是以发展农业作物生产为主，农田水利等农业基础设施相对完善，农产品商品化率和农业机械化水平高，人均耕地资源丰富，农作物秸秆产量大。该类型模式主要分布在我国的农业主产区，其典型如福建省漳州市平和县三坪村。

二、美丽乡村建设中的问题与不足

尽管美丽乡村建设使得乡村面貌发生了很大变化，并已形成了十大典型模式，但是在实际操作过程中，很多地方政府往往从城市建设的视角对乡村进行规划建设。事实上，由于没有从整体上考虑乡村总体布局和环境配套服务功能，在实施过程中通常搞大拆大建，硬化建设工程随处可见。这导致乡村传统文化逐渐消亡，千百年来传承的自然景观、生产方式、邻里关系、民风民俗等"田园牧歌"景观遭到破坏，承载的"乡愁"消失殆尽。

（一）具体问题

在国外，许多村落、小城镇延续几百年，风景如诗如画，个个犹如艺术精品，令人流连忘返。而在国内，乡村建设往往直接套用城市建设经验，盲目跟风，导致美丽乡村的生态景观建设缺乏多样性，并脱离了当地特有的乡情及环境特征。例如，乡村地区老旧农房的改造或建设往往风格统一、千篇一律，农房改造后，虽然整体上焕然一新，但原有的乡土气息和房屋周边生态景观的差异消失，身在其中却感觉不到所谓的田园风光。

水是生命之源。在乡村，河道水系既为菜地、水田的灌溉提供水源，也衬托着乡村的风土情怀，尤其是河道两岸的自然植被，为乡村勾画出一道道亮丽的自然风景线。由于乡村河道水系的淤积断流等问题，美丽乡村建设过程中需要对乡村河道水系进行清淤疏通。然而，为了追求所谓的美观或政绩表现，很多地方政府往往不顾乡村河道水系周边生态环境的变化，一律采用块石型硬质化的护岸方式，对河岸表面进行人工改造。这种整治改造方式不仅阻断了河道周边土壤与河道水体之间的水文循环，而且使得河道丧失了与周边历史环境、生态环境及人文环境之间的协调性。更有甚者，在实际的治理中，河道、池塘、水渠等受乡村建设的影响，被人为地改变，有的变窄，有的被废弃，有的直接被填埋成平地并种上了作物。

乡村道路建设在乡村建设中的位置和作用非常重要，是乡村全域建设的主要组成部分。在美丽乡村建设过程中，乡村道路建设或是在原有道路基础上拓宽翻新，或是完全新建。

不管是哪一种形式，都不可避免地会使乡村原有自然植被遭到破坏，对乡村生态环境均会有不同程度的影响。同时，翻新或新建的乡村道路往往采用不透水的硬质化建造方式，这对道路两边的水土保持和植被保护非常不利。

乡村污水处理规划建设对美丽乡村建设意义重大，目前各地已经开始着手改造或新建乡村污水管网系统等工作，这些能从根本上克服原有乡村生活污水无序排放、处理效率低等缺点。尽管从工艺原理上看，乡村生活污水处理的现有技术与生物或生态有关，但是在实际操作中，由于缺乏相关基础知识和专业指导，人们很少能考虑到将乡村生活污水处理工艺构筑物进行景观化，乡村生活污水的现有处理技术和工艺与乡村自然融合性较差。

这些问题均与大多数地方政府对美丽乡村建设的认识存在局限性和制定的相关措施有关，正逐步得到解决。例如，广东省出台的美丽乡村三年行动计划中，力争到2018年粤东西北地区完成总任务的80%，珠三角地区基本完成全部自然村环境综合整治任务。行动计划中，明确广东省将以整治农村垃圾、水体畜禽污染、乱搭乱建为突破口，"由点到面及片"，整县、整市全域推进乡村人居环境综合整治，力争通过三年的努力，促使乡村人居环境和村容村貌实现根本改观。

虽然诸如此类的美丽乡村建设的政策措施能改善乡村人居环境，提升乡村居民的幸福感，但不足之处在于它们很少关注绿色生态建设以及生态养生的功能。这样的乡村建设往往会破坏乡村良好的自然生态，忽视乡村居民对自然生态景观的心理需求。

（二）不足之处

生态宜居是美丽乡村建设的灵魂。诚如习近平总书记所言，"即使将来城镇化达到70%，还有四五亿人在农村。农村绝不能成为荒芜的农村、留守的农村、记忆中的故园"。可见，美丽乡村建设应该更多地考虑生态宜居环境建设。然而，当前有的美丽乡村建设从经济增长的角度，照抄照搬城市建设经验，盲目对乡村进行改造建设，并多以追求政绩表现为主，缺乏对乡村景观环境的整体打造。尽管美丽乡村建设的相关政策措施涉及乡村部分景观改造，但在规划及建设过程中有时会由于没有足够的生态景观理论和技术的指导，导致"景观污染"或"千村一面"等现象发生，使得地域景观风貌受损严重，乡村景观生态价值得不到切实体现。

第二章 乡村旅游的发展现状

乡村旅游是以农村的绿水青山、乡土文化、历史遗迹等资源为依托,将"绿色发展"理念作为引领的新型旅游方式。但是,由于乡村发展较为落后,基础设施不完善,乡村地区对乡村旅游产业的发展认知不足,资源与资金没有形成有效合力,乡村旅游普遍存在规模较小、宣传力度不足、旅游资源开发程度较低等问题。今后,我国需对上述不足之处予以完善,进一步促进我国乡村旅游的发展。本章分为乡村旅游与农业经济关系辨析、中外乡村旅游发展的对比、中国乡村旅游发展存在的问题三部分。主要内容包括乡村旅游与农村经济的区别与联系、乡村旅游对农村经济发展的作用、农村经济发展对乡村旅游的作用、国外乡村旅游的发展特点等方面。

第一节 乡村旅游与农业经济关系的辨析

一、乡村旅游与农村经济的区别与联系

(一)乡村旅游与农村经济发展相互独立

乡村旅游与农村经济发展是两个相互独立的概念,两者之间并没有绝对的联系,即乡村旅游其实只是农村经济发展道路上的一个偶然现象,是诞生在特殊的社会环境之下的。促进农村经济发展是社会主义现代化的基本要求,是解决"三农"问题的关键所在,而恰好城市居民因向往农村生活方式选择到农村放松休闲,由此催生了乡村旅游,使得乡村旅游成为农村经济发展的一个重要推动力,但这并不意味着农村经济离开了乡村旅游就无法得到进一步的发展。

(二)乡村旅游与农村经济发展相互促进

虽然说乡村旅游的诞生与农村经济发展并没有必然的联系,但是在乡村旅

游诞生之后,其就成为农村经济不可或缺的一部分,两者相辅相成,共同发展。

一方面,随着农村经济的不断发展,农民的生活质量也在不断提高,这种情况下农民开始着手精神文明建设,从而增加了农村的文化内涵,同时农村经济发展直接造成了农村所能够支配的资金更多,农村的基础设施也不断地完善。这个时候城市居民面对千篇一律的生活方式急需要寻找一个新的休闲放松路径,农村完善的基础设施和独特的乡风文化为城市居民提供了一个良好的选择,从而刺激了乡村旅游的发展。从某种意义上来说,并不是每一个村庄都能实施乡村旅游的,只有那些基础设施比较完善,乡风民俗具有特点的村庄才能发展乡村旅游,而这些都是以农村经济发展为依托的。

另一方面,对于农村而言,乡村旅游的发展也带来了极大的影响,主要体现在以下四个方面。一是乡村旅游使得农村经济结构中第三产业的比重逐步提高,农村产业结构开始优化。二是乡村旅游需要大量的服务人员,对于提高农村地区的就业率是有极为重要的意义的。三是乡村旅游也意味着消费,能够增加农民的收入。四是旅游主体是城市居民,城市居民到乡村旅游必将带来一些新的思想,这对于农村经济的发展也是极为有利的。

(三)乡村旅游与农村经济发展相互制约

乡村旅游与农村经济相辅相成,但是也不能忽视两者之间存在的一定的制约关系,这种关系主要体现在以下两个方面。

第一,从农村经济的角度来看,乡村旅游的发展固然为农村经济发展提供了极大的帮助,但是随着旅游人数的增加,农村的经济环境与生态环境必将受到一定的冲击,如此一来,当农村失去了对游客的吸引力之后,农村经济发展速度会大幅度下降。

第二,从乡村旅游的角度来看,在乡村旅游过程中,城市文化的大量涌入会潜移默化地对乡村文化造成一定的影响,这种影响使乡村文化逐渐失去特色,成为城市文化的"附庸",如此一来,乡村旅游也就失去了价值。因此,在发展乡村旅游过程中,我们必须要把握好两者之间的平衡。

二、乡村旅游对农村经济发展的作用

(一)乡村旅游对农村经济发展具有积极作用

具体而言,乡村旅游对农村经济发展的积极作用主要体现在以下四个方面。

第一,乡村旅游能够促使农村经济结构升级优化。一般来说,游客是消费层次较高的居民,而大多数情况下农村的社会经济环境是很难满足游客的需求的，这就促使乡村经济不断地优化自身，以满足游客的需求。因此，乡村旅游的发展并不是简单地只涉及第三产业，对于农村经济而言，乡村旅游的发展对第一、二、三产业的影响是十分全面的。例如，乡村旅游中的农家乐和休闲观光旅游等能够促进农村第三产业的发展，乡村旅游中的生态采摘园则能够促进农业的转型升级；乡村旅游中游客的各种工业品需求则能够促进农村第二产业的发展等。

第二，乡村旅游提高了农民就业率。我国是一个农业大国，提高农民就业率一直以来都是解决"三农"问题的关键所在，而乡村旅游的发展对于提高农民的就业率有着重要的积极意义。例如，乡村旅游涉及的交通运输业、餐饮业、现代农业等都是典型的劳动密集型产业，乡村旅游能够刺激这些产业的发展，也就意味着能够为农村提供更多的就业岗位，如此一来，那些因农闲季节闲置在家的农村劳动力就得到了安排。

第三，乡村旅游能够完善农村的基础设施。正如上文所述，并不是每一个村庄都能够发展乡村旅游，乡村旅游的兴起与农村的经济水平有着一定的关系。由于乡村旅游的游客大多来自城市，而城市基础设施较为完善，游客对于旅游环境的要求就会相对较高，例如，住宿、网络、停车场等，如果农村不采取措施解决这些问题，那么是很难吸引游客的，乡村旅游也就很难发展起来。因此，乡村旅游的发展过程从某种意义上说本身也是一个基础设施建设逐步完善的过程。

第四，乡村旅游推动了农村经济的可持续发展。乡村旅游的开展离不开农村地区的生态环境、自然资源，而自然资源又是不可再生的，因此在开展乡村旅游的同时必须注重生态环境、自然资源的保护。人们为了使乡村旅游能够可持续地发展下去，必然会重视本地的环境质量，努力维持生态系统的循环发展。在有关政府机关的指导下，乡村旅游开展的过程中需要对当地的旅游资源进行合理的规划利用，避免旅游活动的进行对资源环境造成破坏，从而实现乡村地区经济的可持续发展。

（二）乡村旅游对农村经济发展的不利影响

对于农村经济而言，乡村旅游发展所带来的负面影响主要集中在以下三个方面。

第一，乡村旅游对农村的生态环境造成了破坏。众所周知的是乡村旅游近年来之所以成为旅游的热门，很大程度上是由于农村的生态环境较之城市更加良好。但是随着游客的大量涌入，乡村的生态环境也开始遭到破坏，导致这种现象产生的原因是多方面的，一方面游客的增加也就意味着生活垃圾的增加，而农村的污水和垃圾处理设施本身就不是很完善，大量增加的生活垃圾和污水无法得到有效处理，从而对农村的水体、土壤等造成巨大破坏；另一方面由于农村距离城市较远，因此，自驾出游是乡村旅游最为常见的一种方式，而这不仅使当地交通拥堵，更造成了空气污染。此外，部分游客的不文明现象也是乡村生态环境遭到破坏的一个主要原因，例如，随手乱扔垃圾等。

第二，乡村旅游造成当地物价上涨，不利于农村经济的发展。理论上来说，作为农村的主人，农民是乡村旅游资源的提供者，也应当是乡村旅游发展的最大受益者。然而事实并非如此，对于很多农民而言，乡村旅游并没有给自己的生活带来太大的改变，原因在于以下两个方面：一方面，游客大量涌入乡村所带来的直接后果就是乡村产品需求大于供给，如此一来农村的物价开始逐步上升，农民采购货物的成本也开始上涨，这个时候农民就不再是乡村旅游的最大受益者；另一方面，当一个地方成为乡村旅游的热点之后，必然会受到资本的注意，大量资本的进入会造成农民毫无竞争优势，能够从乡村旅游中获得的收益十分有限。乡村旅游造成当地物价上涨，农民很难从乡村旅游中获得收益，久而久之，发展乡村旅游的热情就会下降，经济发展速度也会放缓。

第三，乡村旅游破坏了当地的农村文化，不利于农村经济的发展。乡村旅游在发展过程中，给当地的农村文化造成了巨大的冲击。城市孕育的强势文化强有力地影响着经济欠发达的乡村旅游地的弱势文化，极有可能同化乡村的弱势文化。加之，受当前我国急功近利的经济发展模式的影响，部分地区的政府大搞面子工程，同质发展严重，这极大地破坏了乡村淳朴的原始文化，不利于社会的经济发展。同时，随着旅游经济的发展，受商业利益驱动和人口流动的影响，黄、赌、毒等不良现象进入农村，扭曲了乡村文化，致使农村在发展中的文化优势丧失，不利于农村的经济发展。

三、乡村旅游对新农村建设的促进作用

作为我国旅游业发展的重要组成部分，乡村旅游业的发展尽管也会带来旅游资源的过度开发、生态环境的过度利用甚至是破坏、传统文化的多样性被打破、社会习俗和乡村居民的传统行为方式被扭曲等方面的负面影响，但总的来看，乡村旅游不仅具有发展潜力大、关联度高、带动力强和拉动内需明显等方面的特点，而且对社会主义新农村建设、区域扶贫开发以及促进整个国家社会经济的可持续发展具有重要意义。具体来看，乡村旅游对新农村建设的意义主要体现在以下几个方面。

(一) 发展乡村旅游是促进社会主义新农村建设的有效途径

在促进社会主义新农村建设的过程中，之所以说大力发展乡村旅游是其中的一条十分重要的途径，关键原因主要体现在如下几个方面。

第一，乡村旅游能够有效地促进当地农业的产业化经营，延伸产业链，带动农副产品和手工艺品加工、交通运输、房地产等相关产业发展。

第二，乡村旅游把城市的许多新信息、新理念带到农村，对农民素质和乡风民俗具有潜移默化的影响，使学文化、学技术成了一些农民的自觉行动，许多村民学起了普通话、外语和电脑，素质得到全面提升。农民通过学习掌握了知识技术，更好地促进了乡村旅游的发展。

第三，乡村旅游业的发展有利于促进农村的生产发展以及农民富裕生活的实现。乡村旅游的发展一方面可使农民获得更多的就业机会与发展机会，缓解农村剩余劳动力就业对城市的压力并在此基础上为"离土不离乡"的农民提供一条新的生活出路。同时，乡村旅游可以使许多农民成为旅游从业者，一批农民老板、农民总经理应运而生，直接增加了农民收入。农民可以通过打零工、办旅馆、摆小摊、开餐馆、加工纪念品等方式增收，还可以通过入股乡村旅游项目增收。

第四，乡村旅游有利于促进环境保护和可持续发展。发展乡村旅游的农村乡镇，通过开发和保护旅游资源，使广大农民兄弟有了很强的环保意识，促进了当地环境资源、生态资源和文化资源的保护，增强了农村地区的可持续发展能力。

(二) 发展乡村旅游有利于构建社会主义和谐社会

乡村旅游之所以能成为构建社会主义和谐社会的重要载体之一，关键原因包括以下几个方面。

第一，乡村旅游的发展能促进农村经济发展与社会进步之间的和谐。乡村旅游的发展不仅能在相当程度上提升广大农民的收入，而且随着农民与农村基层政府收入的增加，许多乡村除重视改善村民的生活条件外，还建起了自己的图书室、体育中心、文化室、公园等公共设施。应该说这一点对于在发展经济的同时提升农民的文明素质具有重要意义。

第二，乡村旅游的发展有利于促进农村相关产业间的和谐发展。乡村旅游的产业关联度比较大，其发展不仅能带动农副产品加工业和旅游工艺品加工业的发展，而且对农业、交通运输业以及商贸服务业等产业的发展也具有重要影响。

第三，乡村旅游的发展有利于促进人与自然的和谐。由于乡村旅游往往是基于对乡村地区良好的资源环境条件的保护与利用，所以从总体上看乡村旅游不仅不会对乡村地区的资源环境造成"硬伤害"，而且还有利于改变传统的以牺牲资源环境为代价的经济增长方式，并最终促进人与自然在发展过程中的和谐共处。

第四，乡村旅游的发展有利于促进人与人之间的和谐交流。乡村旅游既能使人开阔视野和获得见识，又能促进旅游者与农民之间、旅游者与旅游者之间以及农民与农民之间的了解与交流。

（三）发展乡村旅游有利于发掘贫困乡村的旅游资源

通过发展乡村旅游完全可以将那些千百年来当地农村人熟视无睹的事物和因素发掘出来，成为使城市旅游者耳目一新的旅游吸引物。乡村的各类建筑、特色民居、民族风情、田园风光、民俗习惯都大有文章可做，至于那些特有的乡土文化与特色的乡土艺术和产品更会使乡村旅游产品具有特殊的文化品位和少见的艺术格调。显然，开展乡村旅游会使乡村百姓逐步认识到自身所拥有的土地及生活形态的文化价值，并进而在合理开发利用的基础上为自身的脱贫致富和发展服务。不仅如此，考虑到目前我国的贫困落后地区大多为交通相对不便、自然条件相对较差以及发展基础相对薄弱的农村地区，而这些地区在环境、文化和旅游资源方面又有自身的特点；因此通过促进乡村旅游业的发展来克服相关乡村地区的贫困落后，无疑具有十分重要的理论与实践意义。

（四）发展乡村旅游是统筹城乡发展的一项重要举措

在促进社会主义新农村建设和区域扶贫开发的过程中，之所以说大力发展乡村旅游是统筹城乡发展的一条十分重要的举措，其原因包括以下几个方面。

第一，乡村旅游的发展有利于推动城乡共同发展。一方面，乡村旅游的发展有利于城乡间的交流与沟通，并有利于实现相关的要素资源向农村地区流动和促进农村地区经济与社会的全面发展；另一方面，乡村旅游的发展也有利于拉动消费、扩大内需并促进城市社会经济的繁荣与城市人民生活水平的提高。

第二，乡村旅游的发展有利于缩小城乡差距。由于发展乡村旅游必须要对相关的资源及环境进行应有的开发、保护及利用，所以在实践中为促进乡村旅游业的发展，农民们不仅十分注重对资源环境的开发及保护，而且在改善道路、通信、水电等基础设施方面也下了不少功夫，这些举措既美化了乡村环境，又有利于缩小城乡间的差别。此外，由于乡村旅游业的发展能给农村及农民带来一定的物流、资金流与信息流，在此过程中，农民的收入自然而然也会水涨船高，收入提高了，也意味着在某种程度上城乡间的收入差距缩小了。

第三，乡村旅游的发展有利于促进农村经济与社会的协调发展。一些乡村在发展乡村旅游后均集资建起了自己的教育与医疗机构并在此基础上提高了本地区适龄儿童的入学率以及农民参加合作医疗保险的比率；也有一些乡村在发展乡村旅游的过程中建立了比较完善的社会保障制度从而享受与城里人一样的医疗、教育和养老等方面的社会保障。此外，由于在乡村旅游的发展过程中广大农民自觉与不自觉地建立了相关的发展协调组织，这样不仅有利于促进乡村旅游业的持续稳定发展，而且也对社会的和谐稳定具有重要意义。

四、农村经济发展对乡村旅游的作用

（一）农村经济的发展为乡村旅游发展提供各种物质保障

良好的农村经济是乡村旅游发展的重要物质保障。纵观国内乡村旅游发展较好的地区，我们不难发现都位于东部经济较为发达的区域，原因就在于这些地区的农村经济发展较好，拥有更多的资金来建设基础设施，来加大宣传力度，因此成为乡村旅游的热点就理所当然。反之，尽管西部地区的农村在文化上更有特色，但是由于交通不便、水电通信和公共医疗条件较差很难吸引游客，这些归根结底都是农村经济发展较为落后造成的。

（二）农村经济的发展促进了乡村旅游产品和服务的多样化

正所谓没有需求就没有供给，消费者的需求决定了产品的类型，在发展乡村旅游之前，农村的产品供给以生活产品为主，但是在乡村旅游发展之后，面对游客的多样化需求，农村的产品结构也在逐步地改变，娱乐性产品的数量与种类开始增多。例如，以往农村的产品供给多以蔬菜水果为主，但是为了吸引游客，袖珍大白菜、方形西瓜等产品被开发出来，这些都是农村产品多样化的直接体现。

第二节 中外乡村旅游发展的对比

一、工业革命与乡村旅游

（一）工业革命对乡村旅游的影响

如果我们站在历史的高度对近现代旅游发展进行考察不难发现，工业革命是近现代旅游发展的一个主要推动力。自18世纪工业革命以来，世界各国的

社会经济结构发生了巨大变化,这种变化使得旅游活动无论是内容还是形式都发生了巨大改变,从而催生了乡村旅游。具体而言,工业革命对乡村旅游的影响主要体现在以下三个方面。

1. 工业革命为乡村旅游的兴起提供了社会限定因素的条件

所谓的社会限定因素指的就是发生旅游行为的社会必备因素。事实上,无论是乡村旅游还是其他旅游形式,要进行旅游活动必须具备两个基本条件,一个是游客要有一定的购买能力,另一个则是游客要拥有一定的可支配时间,两者缺一不可。而工业革命的出现与发展恰好为人们提供了这些条件,一方面,众所周知的是工业革命所带来的一个直接影响就是社会生产力的大幅度提高,社会生产力的提高也意味着社会财富的增加,因此,人们能够用于旅游的支出也在逐步增加,从而刺激了乡村旅游的兴起;另一方面,在资本主义生产方式下,人们为了改善自己的生活环境不断地与资本家进行斗争,经过激烈的斗争,人们获得了带薪休假的权利,如此一来人们拥有了可支配时间,能够进行旅游。总的来说对于近现代旅游而言,工业革命所带来的影响集中体现为将以往只有少数群体能够享受的活动变成大众活动。

2. 工业革命对城市化所带来的影响

从某种意义上说,工业化进程其实也是城市化进程,在工业革命的影响下,不仅人口数量开始大幅度增加,同时人口也开始不断地向城市集中。城市人口的激增刺激了国内旅游市场需求的扩大。由于城市人口的人均收入远远高于农村地区,这就为旅游市场准备了庞大的客源群体。在人口大量增加的同时,许多国家都发生了大规模的人口迁移运动。由于城市的工业和服务业逐渐兴起,农村地区大量的人口朝着城市不断迁移,因为只有城市才能提供足够的就业机会。正是大量农民向城市进军,才为以后乡村旅游的萌芽提供了社会基础。

3. 工业革命促使交通工具发生变革

众所周知,工业革命使得人们进入了蒸汽、电气时代,空间对人们的束缚力在不断地削弱,从而为近现代旅游的发展提供了条件。事实上,人类一直都有旅游的传统,在以往由于交通不便,人们只能是就近旅游,而自从工业革命之后,人们的旅游地点开始遍布世界。

(二)工业革命促使旅行游览观念不断进步

在18世纪以前,真正意义上的旅游和度假的观念可以讲是不存在的。因为这个时期的人们无论富人或穷人,地主或农民,都还被传统的农业耕作思想束缚着，无法也不可能把生活分为工作和休闲两部分。18世纪中晚期以后，世界进入了近代工业革命时代，由于社会经济结构发生了根本性的变化，近代社会人们的观念也随之产生了很大的改变。而这种改变基于两个重要的社会变动趋势：一是社会经济由简单的原始的农业耕作经济走向近代化的大机器生产时代；二是造成千百年来人们的工作就业之地与生养繁衍之地合二为一的传统形态开始出现分离趋势。在这两种趋势的影响和调节下，近代旅游活动的兴起才有了认识基础。

工业革命和城市化过程，极大地改变了人们的生活环境和工作条件，使人们渐渐开始面对自然环境遭到破坏、城市污染和拥挤、生理和心理负担加重等严峻的社会现实问题。英国和美国都发生过严重的环境污染事件，因而给人们带来了极度的心理恐惧。为了避免经济繁荣对环境造成破坏，人们迫切需要改变生活方式。19世纪中叶，外出旅游度假之风由此兴起。

（三）工业革命促使新的旅游方式形成

社会经济的迅速发展、交通设施的不断完善、旅游费用的不断降低、旅游地点配套设施的逐步完善都使得旅游形式不断地改变。总的来说，旅游活动大多可以分为以下三种类型。

1. 观光旅游

观光旅游是一种十分常见的旅游形式。所谓观光旅游是指以欣赏自然与人文风光为主的旅游活动，例如，人们到海滨、峡谷、农村、山区、江河湖泊等地方去欣赏优美的自然人文景观等。

2. 商务旅行

商务旅行基本上由以下两种形式构成。一是在当时出现了其财产不依附于土地的新兴债券持有者和金融中间人阶层，改善后的交通极大地方便了他们来往于国内，甚至海外地区。二是伴随着资本主义国家国内外贸易的发展，以采购原材料和推销产品为主的商务旅游活动开始盛行，而且成为人口流动中一支不可忽视的力量。由于社会经济的持续发展，商务旅行这种形式在当时占有相当重要的位置。

3. 度假旅游

新兴资产阶级是近代度假旅游的最早参与者。他们拥有大量的生产资料，既有金钱还有时间，度假活动对他们及其家属而言已经成为特定的社会消费需求。正是基于当时各种社会因素的改变，近代新兴资产阶级把前往农村、矿泉浴场、海滨胜地等地方度假当作一种几乎固定的生活方式。

因此，从19世纪中叶以后出现的旅游方式中我们可以得出这样的结论，当时已经产生了乡村旅游，当时的乡村旅游主要是观光型、商务型和度假型三种形式。

二、国外乡村旅游的发展特点

（一）乡村旅游在欧洲的发展

1. 意大利

意大利是世界上发展乡村旅游较早的国家。早在19世纪，意大利的乡村旅游产业就已经形成规模，朝着规范化的方向发展。1865年，意大利成立了"农业与旅游协会"，该组织的主要职责就是促进当地的乡村旅游发展，其日常工作以向人们介绍乡村生活的趣味，鼓励人们主动参与农业活动等为主。"农业与旅游协会"的成立是意大利乡村旅游发展走上科学化、规范化道路的开端。截至2015年，意大利已经拥有1.74万家专门从事农业旅游的经营单位，每年夏天能够接待200余万人的游客。

目前，意大利比较成熟的乡村旅游项目主要有农场度假、农场观光、乡村户外运动、乡村美食旅游等。手工制作、古文化体验、乡村节日之旅、乡村美食、骑马等都是很受欢迎的项目。

与其他国家相比，意大利的乡村旅游发展主要具有以下四个特点。

①乡村旅游规划十分科学。意大利的乡村旅游并不是独立发展的，它会根据不同的旅游资源来规划旅游专题线路，保证了游客能够最大限度地享受到乡村旅游的乐趣。

②成立专门的旅游协会如"农业与旅游协会"等是意大利乡村旅游的另一大特色。

③发展乡村旅游是农业部门而不是旅游部门的职责，农业部门承担着对乡村旅游进行资助、管理、引导的责任。

④政府在乡村旅游发展中发挥着极大的作用，而不是单纯地依靠市场经济来发展乡村旅游。

2. 西班牙

与欧洲其他国家相比，西班牙的乡村旅游起步相对较晚。但是在政府的资助下，目前乡村旅游已经成为西班牙最主要的旅游形式之一。

西班牙乡村旅游可以追溯到将废弃的城堡改建，然后开展旅游活动，但是这种旅游活动严格意义上说并不属于乡村旅游。西班牙真正地发展乡村旅游是在 20 世纪 60 年代，为了迅速发展乡村旅游，政府主动出资修建了大量的乡村旅游社区来为游客提供服务，因此截至 20 世纪末，西班牙的乡村旅游已经初步形成规模。目前西班牙的乡村旅游项目主要有房屋出租、别墅出租、乡村观光、骑马、登山、漂流等。西班牙 85% 的城市居民都有在周末自驾到农村休闲的习惯。

与其他国家相比，西班牙乡村旅游主要具有以下三个特点。

①西班牙乡村旅游十分重视主客之间的交流和农村生活的体验。游客在进行乡村旅游时衣、食、住、行与农村居民并无区别，通过与主人共同生活来加强乡村旅游的体验感。

②西班牙乡村旅游是单一与灵活性的结合，单一指的是乡村旅游多以农场为主，灵活性则指的是在农场中可以根据游客的需求开展各种旅游项目。

③西班牙乡村旅游十分重视传统习俗的渗透，这也是其对国际游客有着强大吸引力的主要原因。

3. 法国

法国乡村旅游真正得到发展起步于 1998 年其"农业及旅游接待服务处"的成立，该部门的成立标志着乡村旅游逐步受到政府的重视。之后"农业及旅游接待服务处"联合其他社会团体建立了"欢迎莅临农场"的组织网络，邀请全国的农民加入，从而使得法国乡村旅游摆脱了以往"单打独斗"的局面，真正形成一个整体。

法国的乡村旅游项目包括农场客栈、农产品市场、点心农场、骑马农场、探索农场、狩猎农场、露营农场等，形式十分多样。

法国的乡村旅游别具一格，具有以下四个特点。

①不同于其他国家在一个农场内开展多个乡村旅游项目，法国的乡村旅游项目明显地更具有专一性，例如，狩猎农场只提供基本的住宿和餐饮服务，以打猎为主等。

②为了促进乡村旅游的发展，法国政府专门出版了相关的宣传手册，这在世界范围内是不多见的。

③法国乡村旅游农场的建设是统一规划的。20 世纪末期，法国推出了"农庄旅游"计划，帮助 1.6 万户农民建立了家庭农场。

④法国乡村旅游实施本地化策略，即政府鼓励当地居民积极参与到乡村旅游中，并提供相应的指导服务，其他组织进入本地乡村旅游项目的难度较高，保证了本地居民能够从乡村旅游中获得最大收益。

(二)乡村旅游在北美的发展

1. 美国

美国有着悠久的乡村旅游传统,美国旅行行业协会2001年对1300位乡村旅游者的抽样调查表明:亲近自然的乡村旅游最受旅游者青睐。"二战"以后,乡村旅游成为中产阶级生活的一部分,假期经常在城边不贵的乡村食宿接待设施和私人农场中度过,旅游食宿设施的形式一般是乡村旅馆和农场上私人的闲置房间。

在美国,乡村游主要包括农业旅游、森林旅游、民俗旅游、牧场旅游、渔村旅游和水乡旅游等。美国乡村旅游的主要类型有观光农场、农场度假和家庭旅馆等。观光休闲农场是集观光旅游和科普知识于一身的农场;家庭旅馆代表了一个50亿美元的产业,主要分为乡村家庭旅馆和城市家庭旅馆。20世纪60年代末期,这两种形式的家庭旅馆在美国都很盛行,尤其是80年代后,得到了迅速的发展。外出用餐、购物、自然旅游、游览古迹、划船、打猎、骑马、骑自行车、登山、节庆活动都是美国游客喜爱的乡村旅游活动。

美国的乡村旅游具有以下七个特点。

①减少中间环节,提高经济效益。美国夏威夷2000年全州有5500座农场从事农业旅游,全州农业旅游产值中有1/3来自农产品的直接销售。

②举办乡村旅游巡回展览和专题研讨会议,向全国的农牧业生产者提供乡村旅游知识培训,鼓励所有农牧业生产者加盟协会和组织。

③政府在资金和政策上给予大力扶持,向从事乡村旅游的个人和团体提供优惠贷款和补贴,提高经营水平和抗风险能力,同时也制定了严格的管理法规。

④发挥非营利性组织的作用。1992年美国出台正式的关于乡村旅游与小商业发展的国家政策,并建立非营利行业组织——国家乡村旅游基金,从事项目规划、募集、发放资助等工作。

⑤切合实际,更多地瞄准国内市场,特别是周边城市的居民。乡村旅游的发展主要是靠国内居民,特别是周边城市的居民。美国在选择乡村旅游目标市场方面着重打好"本地牌"。

⑥注意突出地方特色,在市场定位和宣传上从本地的特色资源和文化历史中挖掘题材,突出与众不同的"卖点"。

⑦通过节会营销树立本地乡村旅游品牌,进一步拓展乡村旅游市场。

2. 加拿大

加拿大是世界上第一个推出现代意义上的乡村旅游的国家。虽然其他国家早有乡村旅游项目，但是受时代的限制，他们的乡村旅游与传统旅游的区别并不是太大，而加拿大则是第一个实现乡村旅游从传统向现代转变的国家。1991年，加拿大的南思·史尔斯第一次提出了现代意义上的乡村旅游的概念并将其落实。南思·史尔斯的家乡新不伦瑞克省的圣马丁村就有一片美丽的景色。这个小村只有450人，坐落在小路的尽头。隔在村子和芬迪国家公园之间那40千米的土地是加拿大东部仅存的一段原始海滨，长有300米，有景色令人叹为观止的峡湾，也有世界上最高的海潮，以及戏水的海豚。1991年，一位朋友在圣马丁村开了家乡村客栈，邀请南思·史尔斯担任向导。从那时起，这位三个孩子的母亲便将兴趣融于工作，兴致勃勃地干起来。渐渐地，她建立起了一家生意兴隆的公司，专门带游客（大部分来自美国和英国）参观她自己家的"后院"。她的公司力推荒野行、研究动植物、观鸟之旅，每次为期5～17天，参加者在途中可欣赏到壮美的风景，了解当地的人文历史、地质、动植物的分布状况。许多顾客都是精力充沛的人，喜欢接受考验。美食之旅也是加拿大乡村旅游的突破点，加拿大的旅行社根据游客的需要，将美食设计到乡村旅游中。除品尝地道的乡村美食外，还组织游客寻找美食的材料来源。加拿大各省区有独特的土壤结构，能产出多种多样的当地特产，提供各具特色的美食材料。美食与乡村之旅的结合丰富了乡村旅游的文化内涵。如英属哥伦比亚省、安大略省和魁北克省的"地区美酒之路"、魁省的"果汁之路"等。除了乡村美味外，其他的旅游活动项目包括乡村农业文化、乡村农业展览、乡村传统节庆活动、主题农业之旅、在农场或牧场住宿或参加骑牛比赛等。味觉、视觉……如此乡土风味的全方位接触是大都市所不能比拟的。

加拿大的乡村旅游具体有以下四个特点。

①合理规划，规范管理。美国与加拿大的乡村旅游能够取得巨大的成功，为当地经济的发展做出巨大的贡献，与这两个国家在乡村旅游发展初期就进行合理的规划有着十分密切的联系，集中体现在加拿大和美国政府主动将旅游权力下放到地方政府，以此来保证地方政府能够根据本地区的实际情况来开展旅游项目。因此，纵观加拿大和美国的乡村旅游，我们可以发现其一个主要特点就是乡村旅游基本上不存在千篇一律的现象，这与当地政府挖掘本地的经济文化特点有着密不可分的联系。

②社区居民积极参与。作为乡村旅游的主体，农民的参与积极性对于乡村旅游的发展有着十分重要的影响。而加拿大的乡村旅游能够迅速发展并成为现代乡村旅游的一个代表与当地居民的支持有着密切的关系，一方面在开展乡村旅游项目之初，当地政府就采用多种方式来进行宣传，使得当地居民切实了解

到发展乡村旅游的利弊,在经过仔细思考之后,大部分居民对于乡村旅游都是持肯定态度的,其积极性自然较高。例如,加拿大的梅森波特利地区的居民就非常支持当地乡村旅游事业的发展。他们为游客提供当地独特的自然文化资源,并通过开设旅馆、饭店、手工艺品店,开辟露营地以及提供运动设施等来支持、促进旅游业的发展。

③游客具有较强的生态环境保护意识。游客的生态保护意识较强是加拿大乡村旅游的另一大特色,正如上文所论述的,大量游客的涌入必然会对农村地区的生态环境造成一定的破坏,而这种现象在加拿大基本上不存在,这与游客的生态保护意识有着密切的联系。例如,在加拿大,游客为了不破坏生态环境,让其他人也能够享受到大自然的恩赐,在旅游时都会主动带着垃圾袋,真正做到了"留下的只有脚印",甚至部分游客主动捐钱捐物来帮助当地维护生态环境。

④重视乡村生态环境的可持续发展。一般来说,旅游区的生态环境都较为脆弱,对于环境变化是十分敏感的,因此很多旅游地的生态环境极易遭到破坏,加拿大的生态环境也不例外,加拿大之所以在发展乡村旅游之后,生态环境仍旧保持不变,是因为当地政府重视乡村生态环境的可持续发展,不采取"杀鸡取卵"的方式。例如,部分旅游景点,加拿大给了极大的限制,在不列颠哥伦比亚省城瓜伊哈那斯国家公园游客不论进入哪一个景点,每次的人数不得超过12人。在温哥华岛,任何人如想去太平洋海岸的"西岸小径"漫游,必须在3个月前登记。

(三)乡村旅游在亚洲的发展

1. 日本

日本的乡村旅游创始于20世纪70年代,近些年得到大规模发展。日本借鉴法国、丹麦、德国等欧洲国家的先进经验,1991年制定了《市民农园整备促进法》,大型农园的规模较大、设施较齐全。

日本的乡村旅游主要类型有观光农园、市民农园、农业公园、乡村休养、交流体验等,主要的活动有农业观光、农事参与、乡村度假、参观学习、品尝购物等。

与欧美国家相比,日本的乡村旅游主要具有以下三个特点。

①日本乡村旅游不存在农产品交易市场,而是采取直接销售的方式,即农民直接将农产品销售给游客,不经过市场,如此一来乡村旅游对当地经济的带动作用就尤为明显。

②日本效仿意大利等国家成立了专门的协会，这对于乡村旅游管理与服务水平的提高是有着极大的好处的。

③日本效仿西班牙十分重视乡村旅游的参与性，每一名游客在旅游中所享受的待遇与当地居民并无区别，从而加深了游客的体验感。

2. 韩国

韩国的乡村旅游是随着大规模的经济开发产生和发展起来的。韩国自20世纪60年代起经济开始腾飞，由农业国逐渐变为中等发达国家，实现了城市化。目前，韩国约4800万的总人口中，90%以上的人住在城市，农渔业人口不足10%。四通八达的交通网为韩国发展乡村旅游提供了便利条件。目前，乡村旅游收入在韩国国内旅游收入中所占比重已达9.4%。韩国乡村旅游内容十分丰富，如海滩、山泉、小溪、人参、瓜果、民俗都成为乡村旅游的主题。韩国各地有约800个与乡村旅游有关的民俗节，如"蝴蝶节""泡菜节""人参节""鱼子酱节""拔河节""漂流节""钓鱼节"等，并且都具有鲜明的乡土特色。最近，韩国乡村旅游又增加了不少新项目。"主题列车活动"让游客行到哪里，看到哪里，吃到哪里。"韩式美食旅行"让游客前往农村品尝颇具特色的韩式套餐。"茶园旅行"让游客到茶园采茶。"周末农场"适应双休日的特点，供城市游客携一家老小去耕作和收获，体验劳动的艰辛和乐趣。韩国农林部正在推广的"绿色农村体验村庄"项目则是将自然生态、旅游、信息化和农业培训结合起来的高端乡村旅游。

韩国的乡村旅游具有以下三个特点。

①乡村旅游活动项目十分丰富，并且地方特色突出。在开展乡村旅游时，韩国充分发挥了地方特色，每一个小的特点都能够成为一个独立的旅游项目，从而使得乡村旅游项目十分丰富。

②重视节庆活动是韩国乡村旅游的另一大特点，可以说每一个节日都是一个旅游的高峰期，当前韩国各地有800多个与乡村旅游相关的节日活动，从而提高了对世界游客的吸引力。

③对农民开设的家庭旅馆给予支持。为了让农民与渔民能够从乡村旅游中获益，韩国对于农民开设的家庭旅馆给予了极大的支持，同时，韩国也成立了"民泊协会"，旨在协调农民与政府、游客之间的关系。

三、国外乡村旅游对我国的启示

欧美乡村旅游所拥有的良好发展基础是经济持续发展，城乡差距逐渐缩小的结果。限于条件,我国发展乡村旅游不可能一蹴而就地达到如此之高的水平,应树立长远思想,积极而稳步地推进,不能脱离实际盲目"跃进"。

(一)政府引导,自主发展

纵观世界发达国家的乡村旅游发展历程,我们不难发现政府在乡村旅游发展中起到了极为重要的作用,或引导,或规划。例如,意大利、法国等国家在发展乡村旅游时就是对全国进行统一的规划,既避免了乡村之间的恶性竞争,也保证了各国乡村旅游景点都有着属于自己的特色。因此,我国在发展乡村旅游时也要充分发挥政府的引导作用,避免乡村旅游出现千篇一律或者恶性竞争的现象。

(二)注重旅游产品的开发和营销

随着社会经济的不断发展,"酒香不怕巷子深"的时代早已过去,产品的开发与营销成为市场竞争胜利的关键要素,旅游产品也不例外。国外乡村旅游的发展能够如此成功与它们的宣传也有着十分密切的联系,例如,法国政府为了促进本国乡村旅游的发展,印刷了大量的宣传手册,使得国际游客对法国乡村旅游有了一个充分的了解。因此,我国在发展乡村旅游时也必须给予旅游产品开发与宣传足够的重视,要着重突出乡村旅游的特点和个性,以此来吸引游客。

(三)加强对乡村性的维护

乡村旅游近年来逐渐兴起的一个主要原因就是大众对千篇一律的城市生活逐渐感到厌倦,而别具一格的乡村生活由此吸引了大众的目光,因此乡村性是乡村旅游能够迅速发展的一个重要因素。在发展乡村旅游的过程中要重点维护当地的乡村性,例如,美国的乡村旅游开发都尽量避免对当地的土木景观造成破坏,部分旅游景点甚至禁止游客开车进入,提倡步行游玩,以此来将旅游对乡村性造成的破坏降到最低。对比之下,我国部分地区的乡村旅游就明显地存在"杀鸡取卵"现象,对乡村资源的过度开发导致乡村的原始面貌遭到破坏,乡村旅游也失去了其内涵。

第三节 中国乡村旅游发展中存在的问题

一、认识不足

目前,乡村旅游的发展中存在着严重的认识不足的问题,认识不足主要表现在以下几个方面。

(一)对乡村旅游市场的认识不足

在对乡村旅游市场的认识上,多数乡村旅游经营者与开发商一厢情愿地把所有的城市居民统统纳入乡村旅游客源市场的范围,定位不准,在设计上有些偏颇,影响了乡村旅游的客流量。实际上,乡村旅游对居住在具有城乡一体化特征的小城镇的居民难以产生足够的吸引力,因为小城镇的工业化和城市化程度较低,市民对城市附近的农村较为了解,一般的农村风景对他们缺乏强烈的吸引力,去乡村旅游的欲望不如大城市的居民那样强烈。乡村旅游的目标市场应该是那些高度商业化的大中城市。

(二)对乡村旅游内涵的认识不足

部分学者将乡村旅游片面地理解为农业观光旅游,掩盖了乡村旅游所包含的其他类型。许多乡村旅游地以单纯的农业观光为主,多数乡村旅游产品未能真正体现乡村旅游的各个层面,有的甚至歪曲了乡村旅游的内涵,影响了产品的吸引力。

(三)对乡村旅游经营管理的认识不足

多数经营者往往忽视了地方特色、农村环境、服务水平与质量等吸引游客的重要因素,不愿在经营特色、服务质量、社区环境方面投入,不愿意学习别人的陷阱管理经验,不愿意合作,没有强烈地树立景区形象的意识。

有一些乡村旅游开发经营者错误地认为城市居民期望在旅游中体验真正的乡村生活,步入了乡村旅游的误区,认为环境脏乱是乡村的特点,要将其原汁原味地呈现在城市游客面前,以至于一些乡村旅游地的经营者在游客不满环境卫生条件时,竟然理直气壮地回应:"这就是乡村生活",严重阻碍了乡村旅游的发展。

(四)对开发乡村旅游所需要的条件认识不足

乡村旅游经营者和地方政府对本地资源状况的分析不深入、评价过高,对开发乡村旅游所需要的条件认识不足。他们往往简单地以为只要开放现有的农田、果园、牧场、养殖场就算建立了乡村旅游区，对开发、建设乡村旅游所需要的其他资源条件，包括农业资源基础、农村自然景观及文化景观基础、区位条件、社会经济条件、旅游基础设施条件、投资条件等认识不足。许多乡村旅游经营者凭热情"摸着石头过河"办旅游，对最终会把乡村旅游办成什么样、能形成什么样的规模和影响心中没数。

二、产品雷同

乡村旅游品牌是为乡村旅游树立的一个持久的稳定可靠的良好形象，能够使旅游消费者对乡村旅游怀有情感的认知，并对其有一定的信任感，心理上认为该产品与其他产品是有差别的。正是这种差别才提高了旅游者的购买欲望，最终形成乡村旅游的品牌这一无形资产。乡村旅游品牌根据乡村旅游的竞争状况和产品优势，确定其在旅游业中的竞争优势，根据乡村旅游者的需要和动机进行品牌定位，并通过品牌形象设计使消费者能选择其旅游产品。品牌定位是一个复杂的系统工程，从品牌差异性、旅游产品的购买价值、传播媒体、经营管理以及技术和服务创新方面给予定位，目的是追求卓越的服务、完善的服务。

但是，目前，大部分乡村旅游项目在开发前缺乏科学的规划和技术指导，导致功能单一，建设水平低，许多乡村旅游活动只是"吃农家饭、干农家活、住农家房"，产品雷同单一，不能满足游客多层次、多样化和高文化品位的旅游需求，影响了乡村旅游的进一步发展。乡村旅游开发和经营者主要是当地居民，他们虽然在从事旅游开发经营活动，但不知道应该保护什么，应该开发什么，也不知道如何开发乡村旅游产品。因此，在乡村旅游产品开发过程中相互模仿就成了理所当然的情况。这严重阻碍了乡村旅游的发展。

三、宏观调控不足

目前，国家对乡村旅游的宏观调控不足，这主要表现在以下三个方面。

（一）法律保障薄弱

各地政府大多没有制定相应的政策法规来保护和管理乡村旅游，在资金、税收、土地使用、道路建设、水电供应、门票收费等方面，没有较为优惠的扶持政策，制约了乡村旅游的进一步发展。

（二）管理机制不健全

目前各地政府一般尚未建立一个健全的统一的乡村旅游管理机构，政府主导作用没有充分发挥，造成许多乡村旅游出现了各自为政、多头管理或者无人管理的状况，经营者的利益、游客的权益无法得到充分保障。

（三）缺乏整体规划控制

许多乡村旅游缺乏总体规划，一哄而上，重复建设、低层次开发、环境破坏现象严重，导致乡村旅游产品生命周期短、品位不高，影响乡村旅游的可持续发展。

四、缺乏整体规划

我国的乡村旅游没有认真分析本地资源优势和客源市场，没有对旅游资源进行论证、规划和策划就匆忙上马，开发中只重规模，不讲质量，粗制滥造。许多乡村旅游开发存在较大的盲目性，只考虑当前，不顾长远利益。有的乡村旅游开发本身就是一种破坏，在开发乡村旅游时，人工痕迹过于明显，农村旅社建成了高楼大厦，城市化倾向严重，影响乡村旅游的特色。有的因低层次开发，产品品位不高。乡村旅游的目标市场主要是城市，研究城市市场需求，是乡村旅游发展的关键。然而，目前一些乡村旅游经营者没有全面调查和分析城市游客来源、客源类型、市场规模、客流规律、游客消费能力和消费需求等情况，也不了解周围相邻地区有无竞争的同类旅游项目，一心只知道盲目发展。

五、经营水平参差不齐

目前，我国乡村旅游的经营水平呈现出参差不齐的情况，这主要有以下几方面的原因。

第一，许多乡村旅游经营组织的营销力度不够，等客上门的现象比较普遍，使乡村旅游难以适应目前激烈的旅游市场竞争，一定程度上影响了乡村旅游的发展。

第二，人才匮乏，这是当前乡村旅游发展的一大瓶颈。熟悉乡村旅游的经营管理人员较少，许多乡村旅游管理人员由未经培训的村干部兼任或由当地农民担任，广大乡村旅游的从业人员更是缺乏系统有效的培训。

第三，乡村旅游普遍存在规模小，经营者品牌意识淡薄的现象。片面强调对农村自然资源的开发，而忽视对乡土文化、乡村民俗等文化内涵的开发。对乡村旅游文化存在狭义和片面的理解，忽视了对农村其他资源的开发和利用。

第四，部分地区开发乡村旅游资源，人工雕琢的痕迹十分明显，城市化倾向严重，影响乡村旅游的特色。

第五，许多乡村旅游项目没有对旅游资源进行充分论证，没有经过科学的规划和策划就匆忙上马，开发中只重规模，不讲质量，粗制滥造；只考虑当前，不顾长远利益，有的乡村旅游开发本身就是一种破坏。

六、设施不完善，从业人员素质低

有些乡村道路的标准低，通往乡村旅游景点的道路状况较差，旅游基础设施和配套设施简陋，卫生状况差，服务功能还不够健全，导致景区（点）的可进入性差。此外，从业人员的素质问题也是乡村旅游发展中亟待解决的问题。由于乡村旅游的从业人员大多是农民，他们的文化素质不高，没有经过专门的旅游知识培训，而且长期生活在乡村形成的散漫、自由、不受约束的习惯都导致他们的旅游接待服务水准不高，游客难以获得宾至如归的感觉。

七、无序盲目发展带来负面影响

由于乡村旅游的经营者大部分没有受过专业的经营管理教育，因此，不少地方存在无序盲目的发展，带来了负面影响，这主要表现在两个方面。

（一）污染了生态环境

第一，在空气品质方面，随着乡村旅游的不断发展，游客的进入量越来越大，游客乘坐的交通工具也出现得越来越频繁，汽车排放的大量尾气，扬起的尘埃，旅游区内餐馆、饭店等排放的废气，污染了乡村原有的清新、自然、带泥土气息的空气。

第二，固体垃圾污染严重。游客遗弃的饮料瓶、食品袋，经营者遗留的生活垃圾，污染了旅游地的环境，影响了旅游地的生活品质。

第三，植被破坏严重。乡村旅游地的植被面积正在减少。不合理的开发建设，破坏性的建设，无规划的道路、餐馆、娱乐场所建设，游客的随意采摘与践踏，禁而不止。

（二）文化环境遭受破坏与同化

第一，农村朴实的民风和生活秩序受到破坏。由于受到了讲时髦的城市游客的诱导，一部分农村居民开始对自己的传统生活感到不满，先是在装束打扮和娱乐方式方面盲目模仿，继而发展到有意识地追求，一些地区赌博等犯罪行为和不良社会现象逐渐增多，影响了农村社区秩序的稳定。

第二，农村文化被城市文化所同化。乡村旅游者大都来自经济相对发达的中心城市，城市发达的经济孕育的强势文化对经济欠发达的乡村旅游地的弱势文化具有很强的影响力，城市游客的大量进入使农村的弱势文化向城市的强势文化靠拢，最后被同化，其结果将使农村失去对都市旅游者的吸引力。

第三，乡村旅游发展中的利益分配不当、市场信誉不佳等现象，也时有所闻。诸如此类的问题可能只是个别的，但我们必须正视这类问题可能带来的严重后果，认真总结经验教训，以确保乡村旅游健康有序发展。总之，乡村旅游未来要走的道路还很长，市场发展空间还很大，需要政府的大力支持、乡镇干部的积极引导，只有广大农民妥善经营和合理开发，乡村旅游才能欣欣向荣。

第三章 乡村旅游资源开发的意义

乡村旅游资源是旅游资源的重要组成部分,它既是乡土的文化资源,也是民族的文化基础,对乡村旅游资源进行开发,是实现旅游资源可持续发展的有利条件。我们要合理、科学地进行规划和设计,使乡村旅游资源得到最优化的利用,不断推动乡村的发展,实现新农村的建设。本章分为乡村旅游资源概述、美丽乡村建设视角乡村旅游资源开发的理论基础、美丽乡村建设视角乡村旅游资源开发的意义三部分。主要内容包括乡村旅游资源的概念和特性、乡村旅游资源的分类、供给需求理论、旅游地生命理论、景观生态学理论等方面。

第一节 乡村旅游资源概述

一、乡村旅游资源的概念和特性

(一)概念回顾

乡村旅游资源是指存在于乡村地区的旅游资源,是一系列因其所具有的审美和愉悦价值而使旅游者为之向往的自然存在、历史文化和社会现象。乡村旅游资源不仅仅指农业旅游资源,也不只包括乡野风光等自然旅游资源,还包括乡村建筑、乡村聚落、乡村民俗、乡村文化、乡村饮食、乡村服饰、农业景观和农事活动等人文旅游资源;不但包括乡村景观等有形的旅游资源,也包括乡村经济社会等无形的旅游资源。

(二)概念范畴解读

伴随着乡村旅游在我国的快速发展,关于乡村旅游资源范畴的研究不断深入。大部分学者从内容上对乡村旅游资源进行界定:郑凤娇认为"乡村旅游资源包括乡村农事生产、农村民俗文化和田园风光",杜江认为"乡村旅游资源主要包括农业生态环境、农业文化景观、农事生产活动",王兵认为"乡村旅游资源以乡野农村的风光和活动为吸引物"。

综合以上观点,可以看出,乡村旅游资源并不局限于农业旅游资源的范畴,但也不能扩大至除城镇外的所有旅游资源的集合,而是大致由乡村地区的自然旅游资源、文化旅游资源和社会旅游资源三部分构成的有机整体。

一是乡村自然旅游资源,包括气候条件、风光地貌、水文条件、动植物资源等,这些天然环境构成乡村旅游的生态本底,如一些紧邻山河湖海的乡村具有更加旖旎的风光和更加优越的环境,自然而然地就会形成旅游吸引。但长久以来,很多乡村地区的环境和气候资源并不被认为是旅游资源,东北的冰雪就是一个很好的例子——我国东北地区冬季漫长寒冷,降雪较多且积雪时间较长,从传统视角来看并不是开展乡村旅游的好时节,但在市场的视角下,这种丰富的雪资源对来自其他地区的游客构成极强的吸引力,以雪乡为代表的一批冬季乡村旅游精品应运而生,让特有的冰雪资源得到了充分利用。类似的,我国山地乡村的避暑气候、南方乡村的避寒气候等,也都属于自然性乡村旅游资源的范畴。

二是乡村文化旅游资源,包括民居建筑文化、农事农耕文化、民俗节庆文化、乡村艺术文化四类,形成乡村旅游的独特灵魂。乡村旅游文化资源不仅包括具有观光、访古、探奇价值的古镇古村、名人故居、民族建筑等物质文化元素,非物质的文化元素如地方节庆活动、乡村文化习俗等,也能够成为极具特色的旅游吸引物,甚至本地人习以为常的事物——如农舍、商铺、物产乃至猪圈等乡村文化元素,经过创意的包装也能成为提供独特体验的载体。因此,在市场的视角下,乡村文化的方方面面都有可能成为引起旅游者共鸣的重要资源。

三是乡村社会旅游资源,是由乡村特有的经济活动、社会结构、科教成就等所形成的吸引物,兼具一定的生态性和文化性,包括乡村景观风貌、乡村经济成就、农业旅游资源、社会好客精神等。如江苏省华西村的经济水平、云南省摩梭村寨的母系氏族社会、浙江省余村的"两山理论"起源,都成为全国知名的旅游吸引。值得一提的是,农业旅游资源因农业这种经济活动而产生,也是一种社会性资源。丰富的农业景观、农事活动和农业物产等,可供游人观光、体验和购买,是自然生态基底和人类主动创造的深度结合,也是乡村旅游资源重要的组成部分之一。

需要注意的是,构成乡村旅游资源的三个部分并非截然分开、彼此对立的,而是相互融合的,从而构成了旅游资源大族群中的一个重要分支。

（三）资源特性

一般而言，旅游资源所具备的多样性、吸引性、不可移动性、非消耗性、可创新性等特点，对于乡村旅游资源也都适用。但由于乡村旅游资源与乡村地区的自然环境、经济水平、社会结构、乡村产业和乡土文化密不可分，又会体现出更加独有的资源特性，对于这些特性的了解，有助于我们更好地发掘和评价乡村旅游资源，并以此为依据进行乡村旅游资源的利用和保护。

1. 乡土性

20世纪以来，乡村和都市的并存构成了重要图景，在中国更是如此。"从基层看去，中国社会是乡土性的。"费孝通先生在他的《乡土中国》中，开门见山地给我们打开了认识乡土的一扇大门。"乡村旅游"，即旅游必须紧密地与乡村资源环境、乡村社区环境和生产生活环境相融合，这种有别于城市专属于乡村的本质属性，也就构成了乡村旅游资源的乡土性。

虽然在制度改革与市场经济的叠加作用下，也在经历着费孝通教授笔下当年的"乡"与"土"都在发生着深刻的变化，乡村地区也在经历着深刻的转型，但是，长久以来，许多乡村仍然延续着自给自足的生活，秉承日出而作、日落而息的作息，形成了与城市人快节奏、忙碌生活相对应的闲散自由的生活方式。此外，乡土气息浓厚的民间艺术、绿水青山的乡村环境，为乡村旅游打上了更为鲜明的乡土烙印。可以说，乡土性越强，与城市形成的反差也就越强，这样的乡村旅游资源才更加具备吸引力和竞争力。遥远的乡愁、土生土长的乡趣，以及浓稠得化不开的乡情，已经成为都市人心头越来越热烈的向往。

乡土性虽然是乡村旅游资源最专属的特性，但不仅体现在乡村地区，还作为中国重要的文化特色，在新型城镇化进程中发挥着重要作用。2013年召开的中央城镇化工作会议指出，要"把城市放在大自然中，把绿水青山保留给城市居民……让居民望得见山、看得见水、记得住乡愁"。乡土性的保存，已经成为我国城镇化战略的基本共识之一。

乡村旅游资源的乡土性是其吸引力的主要内容，但也容易出现资源替代性强、市场影响力有限等问题。这就需要找到一个突破点，用心用情打动城市人——乡村旅游的主体客群，让乡土性成为人们梦中的世外桃源。自称"乡下人"的沈从文在《边城》中精心构建了一个湘西世界的神话，讲述了一个传统意义上牧歌式的乡土故事。在故事的发生地——花垣县边城镇，国内外无数文人骚客前来观光采风，从而带动了当地的乡村旅游业。这也让当地政府看到了乡村旅游的潜力，随即在2005年将原有的"茶峒镇"正式更名为"边城镇"，从命名的角度，充分体现旅游资源的乡土性，提高其影响力和独特性。

2.时令性

乡村旅游资源既包括自然旅游资源，还包括人文旅游资源，与农业生产等经济活动也密切相关。自然旅游资源和农业生产常常受到自然条件的周期性影响，如气候变化、水热条件、四季变更等，从而产生明显的周期性。人文旅游资源中的岁时节令、生养婚娶、游艺竞技等也常常集中在某一个时期。正是乡村旅游资源的以上特点，导致其在时间分布上呈现出一定的周期变化，这种跟随时令而变的周期性模式，就是乡村旅游资源的时令性。

"掌握季节，不违农时"是农业生产最基本的要求之一。古农书《齐民要术》上就写道："顺天时，量地利，则用力少而成功多。任情返道，劳而无获。"自古至今，节气和时令就与农业生产有着紧密的联系，时令性对乡村旅游资源的影响力也不言而喻。在乡村地区，许多景物在一年四季中显露出不同的美，例如，有着"世界梯田之冠"美誉的龙脊梯田就会随季节的更替而变幻无穷，春如层层银带，夏滚道道绿波，秋叠座座金塔，冬似群龙戏水。有些景点有特殊的时令性，只有在某一特定的时间季节才会展现出最好的景致，比较出名的有日本的樱花季、婺源的油菜花季、中国雪乡的雪季等。再者，像泼水节、三月三等民族节日，也只有在特定的时间内才可以参加，因而旅游应"当令""当时"。

而当乡村旅游资源的时令性作用在乡村旅游产业之上时，便会使旅游者人数和旅游收入在不同时节体现出不同的差别，即有了旺季、平季和淡季的区分。有的学者将这种差别称为旅游中最容易理解却最难以解决的问题，也有学者认为这种"潮汐式波动"是全球旅游的主要特征。通常来看，旅游资源的多样性越强，可吸引市场的混合度越高，旅游资源时令性所带来的淡旺季就越不明显。在实践中，各地也常常通过不同时节的资源搭配，来最大化时令性带来的优势，降低时令性的负面影响。桂林市灵川县海洋乡就充分利用成规模的银杏、桃林山地等乡村旅游资源，形成了"春赏万亩桃花，夏品优质水果，秋看金色杏叶，冬观高山雪景"的四季乡村旅游格局。

3.民族性

我国是一个多民族聚集的国家，少数民族大部分地处偏远山区、牧区以及高寒地区，即范围广阔的乡村地区，这为乡村旅游的发展提供了基本的物质基础。原始秀美的自然环境、特有的民族文化元素、生态与文化相结合的民族乡村景观以及淳朴厚重的民族风情,共同构成了乡村旅游资源的民族性特征。

民族性为不少落后地区的发展带来了希望。一方面,许多少数民族地区在经济、社会等诸多领域存在着较大劣势,另一方面,其在乡村旅游资源方面具有显著优势。有学者认为,民族村寨是开展民族文化旅游最好的地区,是一种能够全方位、集中展示最真实的民族文化的旅游资源,这里的民俗是活着的民俗,是正在发展着的民俗。内蒙古自治区的蒙兀室韦苏木就是一个鲜活的案例,在旅游扶贫的带动下,农牧民生活水平得到大幅度提升,从事旅游相关产业的户数占地区总户数的50%以上,乡村家庭游经营户年平均收入10～12万元,实现了脱贫致富。

民族性还为中国元素的国际化做出了重要贡献。"民族的就是世界的!"这已是人类的共识。越是民族性强的乡村旅游资源,也就越具有吸引力。尤其是地处边远地区的少数民族乡村,不仅对国内游客具备独特的吸引力,更是吸引国际游客的重要筹码,让国际游客除了到访"京、西、沪、桂、广"等传统目的地外,也能来到极具民族性的乡村地区,来体验另一种意义上的中国。1986年,在法国巴黎金秋艺术节上,贵州黎平侗族大歌一经亮相,技惊四座,世人方知侗乡在黎平。如今,被称为"侗乡之都"的贵州黎平,已经拥有90多个中国传统村落,被众多法国游客称为"让灵魂得到释放的地方"。

4. 脆弱性

乡村旅游成为众多游客喜爱的一种旅游形式,重要的一点是游客向往无污染、无破坏的自然生活。乡村地区远离喧嚣,拥有独特的民族民俗风情,散发着自然、原始的味道,是吸引众多游客到此旅游的重要原因。

然而,我国高品质的乡村旅游资源大多数分布在偏远地区,原始形态的保留程度较高,如果一经破坏,很难恢复原来的面貌。同时,由于乡村地区经济条件与生活水平相对落后,当地可能会通过一些不合理的更新改造和开发建设来提高生活水平,在很大程度上破坏了乡村旅游资源。加上乡村旅游资源的规模较小,相比于大规模的山水旅游资源、高恢复力的城市旅游资源,显得更加脆弱。

从资源类别的角度来分析,乡村旅游资源的脆弱性又主要表现在两个方面。

一方面是乡村生态资源的脆弱性。乡村生态环境是一个由自然生态系统与社会系统共同组成的更为复杂的大系统,不仅是旅游活动的客观环境,也是广大农民赖以生存与发展的基础。因此，对乡村旅游资源进行开发利用时，必须遵循生态学的规律，把保护乡村生态环境放在重要位置，始终坚持保护性开发原则。以怀柔雁栖镇的"虹鳟鱼一条沟"为例，这里的水系传承了千年的历史文化，同时也是当地所有住户生活用水的重要来源。但自从发展乡村旅游后，每天到此游玩用餐的游客就达千人，当地的水质受到了严重的破坏。如若不加以规范管控，越来越多的餐饮、旅店等乡村旅游配套产业将会进一步影响当地的生活用水水系，为乡村自然环境带来更大的破坏。

另一方面是乡村旅游文化资源的脆弱性。旅游活动发生发展的过程也是不同性质文化相互接触、碰撞、取舍、融合的过程。城市居民是参加乡村旅游的主要群体，其所携带的文化是"强势文化"，相较而言乡村地区的文化则是一种"弱势文化"。一般而言，"强势文化"会对"弱势文化"产生巨大的冲击。由于文化本身的价值趋同性，在旅游活动中，乡村居民会受到旅游者所携带文化的影响，从而在观念上趋同于城市游客的"强势文化"，丢失原有的一些传统文化观念。广西巴马的案例就充分体现了其长寿文化资源的脆弱性：随着乡村旅游的发展，巴马人受外来饮食文化的影响，不再以蒸煮食物为主，煎炸、膨化食品等油腻食品的比重显著上升，良好的饮食结构被打破，加上从事体力劳动的人口比例减少，益寿习俗逐渐退化，从而对巴马人的健康长寿造成了影响。

二、乡村旅游资源的分类

在乡村旅游大发展的热潮中，国内外学者对于乡村旅游资源的分类进行了长期的研究，但由于乡村旅游资源的多样性及时代的延展性，目前对乡村旅游资源的分类尚没有统一的标准和方法。常见的分类方式是依据文化和旅游部于2003年5月1日颁布的《旅游资源分类、调查与评价》的分类体系对乡村旅游资源进行类型归属，如邹宏霞等结合乡村旅游资源的特性与内容，将其分为自然景观、人文景观两大主类，以及地质景观、水体景观、气候景观、生物景观、历史遗迹景观、聚落景观、民俗景观、农业景观、农村工业景观9个亚类。王敏等借鉴前人研究的成果，并考虑乡村旅游资源的特点将乡村旅游资源分为主类、亚类和基本类三个层次，主要包括乡村自然生态景观、乡村田园景观、乡村遗产与建筑景观、乡村旅游商品、乡村人文活动与民俗文化和乡村景观意境等8个主类，23个亚类。

旅游资源分类的目的是"更好地把握旅游资源所具有的核心竞争力，并更加有效地将潜在的旅游需求转化为现实的旅游需求"，而基于《旅游资源分类、调查与评价》的乡村旅游资源分类方式着眼于乡村旅游资源的自身特性，在乡村旅游资源的多重性，尤其是与市场需求的结合方面显得十分不足。乡村旅游资源是一种复合型资源，多角度地对乡村旅游资源进行分类有助于增强资源的现实效用性。本书基于旅游规划实践，从资源的保护挖掘、开发利用等方面对乡村旅游资源进行分类研究，意图加深对旅游资源属性和价值的再认识。

（一）基于资源属性的分类

最为常见的旅游资源分类方式是根据旅游资源自身的属性，将其划分为自然旅游资源和人造旅游资源两大类，这种划分体系最早由 M. 彼得斯提出，由于使用的分类依据比较直观，操作起来也比较容易。本书在这一分类的基础上，根据常见的旅游资源事物的基本属性，结合乡村旅游资源类型，将其划分为三大类，即自然旅游资源、文化旅游资源和社会旅游资源。

1. 自然旅游资源

自然旅游资源通常是指那些以大自然造物为吸引力本源的旅游资源，是由地貌、气候、水文、土壤、生物等要素组合而成的自然综合体，是形成乡村旅游资源的基底和背景。在自然资源各要素的影响下，会形成乡村景观的地域分异规律，如农业类型、农作物分布、民居形式等，是构成乡村旅游资源的重要吸引力之一。结合乡村旅游资源的性状、成因、美学特征，可将自然旅游资源分为以下几种。

（1）气候条件

如光照充足、空气清新、清凉避暑、干爽宜人等。气候条件一方面影响着动植物分布、土地类型、耕作制度及民居类型，对乡村景观起着巨大作用，影响乡村旅游活动的开展，如元阳的壮美梯田、婺源古村的油菜花海等就是受气候条件的影响形成的特有景观。另一方面，气候条件是形成乡村旅游资源季节性特征的重要原因，即随四季的变化而形成的农业生产、社会生活的季节性变化规律。

（2）风光地貌

地貌条件对乡村景观的宏观外貌起着决定性的作用。其中，海拔的高低、地形的起伏决定了乡村景观的类型，如江南平原地区的水乡景观、山区的梯田景观等。而地貌条件也制约着一些地区资源的利用和开发程度，从而影响各地乡村的社会经济和人们的生活状况，形成不同经济发展水平的乡村景观。

（3）水文条件

水文条件也影响着农业类型、水陆交通、聚落布局等。如位于龙门山构造带中南段的四川虹口地区，水文资源独特；岷江水系的龙溪河和白沙河属常年性自然河，再加上另外一些贯穿于整个地区的山溪小河，使得这个地方成为夏季人们常光顾的避暑胜地，尤其"水中麻将"更是让其声名在外，成为乡村旅游的典范。

（4）动植物资源

各纬度带和高度不同的地区，动植物的品种和生长状况完全不同，除了可观赏性之外，还有可闻性、可食性、可听性、可感性等特点。植物形成了各具特色的森林景观、农田景观、草原景观等，不同的动物种群又形成了牧场、渔场、饲养场等不同的乡村景观，可满足人们观赏、保健、休养狩猎、垂钓、考察等多种多样的需求。

2. 文化旅游资源

我国乡村地区具有鲜明的地域特色，江南民俗、农耕文明、古都风情等保存相对完好，文化旅游资源具有十分明显的优势。乡村文化旅游资源是乡村地区人们在生产生活过程中积聚的精神财富，也是游客在乡村旅游时能亲身体会和感受到的重要内容和对象。

按照不同文化资源的表现形态，将乡村文化旅游资源划分为民居建筑文化、农事农耕文化、民俗节庆文化、乡村艺术文化四类。

（1）民居建筑文化

由于地形、气候、建筑材料、生产生活方式和生产力水平等各不相同，我国的乡村民居建筑有多种形式，如北方游牧民族的帐篷或毡包、西南少数民族的竹楼、陕北黄土高原的窑洞等。有些地方的民居建筑已成为当地乡村的地标和核心吸引力，如皖南的宏村、浙江的诸葛村、江苏的周庄、福建的客家围屋等，深受游客的喜爱。

（2）农事农耕文化

乡村地区是我国发展农业的主战场，我国拥有丰富多彩的农事文化。在农业生产中，不同的耕作方式使用的农具各不相同，不同作物的耕种与收获必须按照不同的时令，再加上当下乡村中传统耕作方式与现代高科技耕作方式相混杂，规模经营与农户经营相混杂，充分展现了内涵深厚的农耕文化。如今，城里人到乡村去体验采摘、养殖、放牧、挤奶、采茶等农事活动俨然已成为一种时尚和生活方式。

（3）民俗节庆文化

我国拥有五十六个民族，民俗风情各有特点，节庆活动也是多种多样，可以说丰富的民俗节庆文化是乡村旅游最为宝贵的资源之一。民俗文化承载的是历史发展长河中人们的精神与情感，民俗文化是农村原生态的、深厚的文化积淀，所涉及的范围非常广泛，包括文学、音乐、舞蹈、体育竞技、医药、手工技艺、服饰、礼仪、婚俗等方面。节庆除了我国传统的端午节、中秋节、元宵节等节日外，各民族都有别具特色的节庆活动，如藏族的浴佛节、侗族的播种节、苗族的吃新节、彝族的火把节，傣族的泼水节等，形成了深受游客喜爱的乡村风情。

（4）乡村艺术文化

民间艺术是区域大众生活的体现和特征，在乡村地区流传着许多传统的手工艺制作，如木版年画、剪纸、手编花篮、手工刺绣、皮影、泥塑、蜡艺等，是乡村非物质文化资源的重要载体。正因为民间艺术的这一特性，民间艺术逐渐成为乡村文化创意旅游的一个重要方面，传统艺术的创新，不仅丰富了乡村旅游体验，而且强化了旅游目的地的品牌形象。如吴桥借助杂技这一民间艺术，将杂技文化成功融入美丽乡村建设，成为全国乃至世界的旅游名片。

如果说自然资源是乡村旅游发展的基础，那么文化资源就是乡村旅游发展的灵魂，没有文化内涵的乡村旅游是苍白的。我国的乡村凝结了中华民族几千年的文化内涵，具有极大的可挖掘性，要想使我们的乡村对游客具有持久的吸引力，必须重视对文化旅游资源的开发与利用。

3. 社会旅游资源

社会旅游资源是指在特定的社会文化区域中，对旅游者产生吸引力的人群及与其生活有密切联系的事物和活动。社会旅游资源也体现出了现代人的创造力，以河南省开封市的"宋都御街"为例，店铺的门面招幌、店员的服饰，都像北宋画家张择端的《清明上河图》中所描绘的那样，游客可领略到千年以前大都市的市井风情和繁华景象，虽是现代人造景观，却成了开封市社会旅游资源中的精品。

常见的社会旅游资源包括以下几种。

（1）乡村景观风貌

主要是指具有一定特色的乡村旅游设施、乡村风貌、建设成就等。真正富有特色的乡村景观，对各种类型的旅游者都有或大或小的吸引力。例如，浙江桐庐将灵动的富春山水和各个风情村镇巧妙结合，培育了25个风情特色村（点），让桐庐乡村"处处是景、时时见景"，成了闻名遐迩的美丽乡村。

（2）乡村经济成就

乡村的经济发展状况包括该地的城乡交流状况（如观光农田、农村修养地的建设等）、乡村的产业发展、乡村特产的生产等。最为典型的是乡村农副土特产品，它具有地域特色强、品种多样的特点，对城市、外地游客来说是新鲜而宝贵的旅游资源。将农副土特产品融入乡村旅游中，不仅是增强乡村旅游吸引力的有效途径，也是促进农副土特产品销售、提高农民收入的便捷途径。

（3）乡村农业旅游资源

乡村农业旅游资源指可被开发利用的农、林、牧、渔等农业资源，相较于一般的自然环境有人工参与的痕迹，是人与自然和谐相处的产物，同时也是我国悠久的农耕文化的具体体现。人们在土地上开展各种生产活动，并由此形成各具特色的乡村旅游资源，如田园风光、草原牧场、渔区景色、林区景观、城郊农业景观等。

（4）社会好客精神

中国素来就是著名的"礼仪之邦"，孔子有云，"有朋自远方来，不亦乐乎"，好客的礼仪是中华民族的优良传统。人们选择乡村旅游不仅仅是为了远离城市，体验乡村生活，更是为了寻找绿色文明以及尚存的传统淳朴的民俗文化氛围，是对具有"亲和力"的生活环境的一种向往。这种好客文化体现在如待客礼俗、参与式的民族歌舞等各种各样的文化事象之中，典型的代表如藏族的哈达、苗族的拦路酒、壮族的对歌等，营造一种好客的文化氛围。

（二）基于资源可利用性的分类

从旅游资源的可利用性角度，可将旅游资源划分为两类，一类为可再生性旅游资源，另一类是不可再生性旅游资源。

1. 可再生性旅游资源

可再生性旅游资源是指在旅游活动中部分被消耗或毁坏，但能够通过适当途径进行自然恢复或人工再造的旅游资源。以垂钓资源为例，一个地区若因开展垂钓活动而使鱼类数量有所损失，但是该地鱼类资源的自然繁衍能力很强，采取相应的管理措施，便可使鱼类资源得以恢复，那么这一类资源便属于可再生性旅游资源。还有一类资源是以主题公园为代表的当代人造旅游景点，其历史价值和文化意义并没有那么重大，这一类资源也属于可再生性资源。

2. 不可再生性旅游资源

不可再生性旅游资源是指自然生成的或在历史发展中形成的，并保留至今作为旅游资源使用的自然遗存和文化遗存。

乡村旅游资源具有脆弱性和不可再生性,不可再生性体现在一旦某一乡村的旅游资源遭到破坏,将很难再生,例如,某一农业地肥沃的土壤一旦被破坏,将很难恢复。而乡村旅游资源中的文化资源,例如,带有宗教或历史色彩的建筑,在损毁之后,即便可以重修,但其带给旅游者的感知和愉悦都会和原来的产生偏差。此外,乡村旅游在发展中也要注意保留乡村本土文化的原真性,防止过度商业化,保证本土文化不被侵袭。没有资源的保护利用,乡村旅游的可持续发展无从谈起。因此,对于这类不可再生的乡村旅游资源,在开发过程中应在保护的基础上合理地开发利用,挖掘其旅游价值,坚持走"保护—开发—保护"的可持续发展道路。

根据资源的可利用性进行分类,更多的是从乡村的可持续发展角度去考虑,对于指导旅游区的规划、开发、经营与管理工作具有重要的意义。旅游资源具有脆弱性、易损性,假如开发利用不当,极易遭到破坏,尤其是不可再生的旅游资源,一旦破坏,将很难恢复。因此,在旅游需求飞速扩张的现代社会,对乡村旅游资源的开发应以保护为前提,而绝不能完全以市场为导向。

(三)基于资源开发现状的分类

按照乡村旅游资源的开发现状,可将其划分为现实旅游资源和潜在旅游资源。

1. 现实旅游资源

现实旅游资源一般是指那些不仅其本身对旅游者具有吸引力,而且客观上已经具备必要的接待条件,并且正在接待大批游客的旅游资源。对于这类旅游资源,其开发重点在于整合提升原有乡村旅游资源的价值,使其更具有旅游吸引力。

2. 潜在旅游资源

潜在旅游资源一般是指那些其本身可能具有某种令人感兴趣的特色,但由于不具备交通条件或其他接待条件,加之可能尚不为外人所知,目前还无法吸引大量游客前来观赏的资源。通过差异包装、创意打造、视角变化等方式,这类资源也有可能转化为供游客观赏的现实旅游资源。

乡村存在很多潜在型旅游资源,一是当地人习以为常、司空见惯的生态文化资源,如青山绿水、蓝天白云,以及特有的烹饪方式、特色的火炕住宿等。二是从审美、艺术、创意的角度出发,目前虽有使用价值,但还不具备吸引力,如瓦片、磨盘、水车、古井、古树、棚架等。这类资源只要经过简单的艺术加工，就可以体现出浓郁的乡土气息。植物、石材、木、砖、陶等乡土自然材料，通过造景手法处理也可以营造出独一无二的乡土庭院景观，形成特有的乡村景观吸引力。三是以市场的角度看待乡村旅游资源，那些在从前不被认为是旅游资源的事物。诸如土特产、农舍、村落、商铺、物产甚至是猪圈等元素，经过创意设计及产品化之后，也能成为能够引起旅游者共鸣的重要资源。

这种划分方法有利于了解乡村旅游资源的禀赋条件，并在此基础上评估旅游资源的可塑性。同时，由于潜在旅游资源的开发成本往往大于现实旅游资源的开发成本，借助此种分类方法可以从开发成本角度有效权衡资源开发的方式与方向。

（四）基于资源等级的分类

根据旅游资源管理级别进行分类，将其分为世界级、国家级、省级、市县级旅游资源四类。这样划分的目的在于掌握一定区域内旅游资源的垄断程度和对旅游者可能产生吸引力的程度。

1. 世界级乡村旅游资源

这类资源主要指乡村类世界遗产地，因其不同要素和景观的组合方式而形成独特的乡村旅游资源，可满足游客亲近自然、体验遗产原真性、感受人类与自然和谐共生的多重旅游需求，对游客有极强的吸引力。

世界级乡村旅游资源多以世界文化遗产、5A级旅游景区的形式出现，汇聚了具有世界性突出价值的民居建筑、乡村聚落、村落布局、产业活动、民间习俗、文化节事等要素，旅游资源独特，吸引力半径大。不同于一般乡村旅游目的地，乡村类世界遗产地的旅游资源有其独特性和垄断性，以皖南古村落——西递、宏村为例，其村落布局独具匠心，村落与山水地貌浑然一体，民宅建筑清雅脱俗，古村落文化底蕴深厚，成为中国乡村类旅游地的典型代表。

2. 国家级乡村旅游资源

这一级别的旅游资源由国务院审定并公布，主要包括中国历史文化名村、国家级美丽乡村、国家农业公园、国家级现代农业示范园、国家级重点文物保护单位等，具有重要的观赏价值、文化价值或科技价值。

国家级乡村旅游资源大多拥有国家级称号，在全国具有一定的知名度，除了省内游客和周边游客外，对远程游客也具有很强的吸引力。这类乡村均视旅游业为主导产业，旅游产业结构佳，游客量逐年增长，旅游收入效益较好并能有效带动农民就业。以浙江安吉为例，其建设的最大特点是以经营乡村的理念推进美丽乡村建设，立足本地生态环境资源优势，大力发展竹茶产业、生态乡村休闲旅游业和生物医药、绿色食品、新能源新材料等新兴产业，仅竹产业每年为农民创造收入6500元，占农民收入的60%左右。2017年五一小长假（4月29日至5月1日），全县共接待游客762万人次，旅游总收入95750万元，门票收入为1785.7万元，相较于2016年，增幅分别为17.6%、18.2%、8.2%。

3. 省级乡村旅游资源

省级乡村旅游资源数量众多，主要涉及省级历史文化名村、省级美丽乡村示范村、省级现代农业示范园、省级农业公园、省级休闲农业示范点等。

这一级别的乡村旅游地生态环境优良、交通便利，发展特色鲜明，示范引领作用突出，以城郊休闲为主，重点针对家庭游、亲子游、商务游、周末休闲游等市场进行产品设计，主要吸引3小时经济圈以内的游客，游客出行方式中以自驾为主。如贵州凤冈县田坝村，通过以茶为主导经济产业走出了"茶旅一体化"的发展好路子，形成了种类丰富、特色鲜明、服务规范的多元化乡村旅游体系，荣获2016年贵州美丽乡村推荐旅游目的地。

4. 市县级乡村旅游资源

这一级别的旅游资源主要为各地的市县级文物保护单位、市县级现代农业示范区、市县级休闲农业示范点等。市县级乡村资源数量繁多，一般规模不大，以吸引城市周边两小时交通圈以内的客群为主，产品丰富多样，但同质化现象较为普遍，因此特色化、产业化发展成为关键。

第二节　美丽乡村建设视角下乡村旅游资源开发的理论基础

一、供给需求理论

（一）理论阐释

旅游市场的运作是以旅游需求和旅游供给为基础的。旅游需求是指具有可自由支配收入和闲暇时间的人们在一定的时间内，愿意按照一定价格购买某一旅游产品的数量。表现在乡村旅游上就是指城市居民前往乡村旅游地的旅游者统计数量。其特点是整体性、季节性、敏感性和多样性。旅游需求随着人们可自由支配收入和闲暇时间的增加而递增，相反，随着旅游产品价格的增加而递减。

旅游供给是指旅游目的地在一定时期内以一定的价格向旅游市场提供的旅

游产品的数量。表现在乡村旅游上则指在特定时期内，能提供的乡村旅游地数量以及相关的配套设施如住宿、交通等条件的数量。在其他因素不变的情况下，旅游产品供给数量随着市场价格的涨落而增减，这是旅游供给的一般规律。

（二）供给需求与乡村旅游资源开发

乡村旅游资源是乡村旅游业赖以生存和发展的前提条件，是旅游业产生的物质基础，是旅游的客体，是旅游产品和旅游活动的基本要素之一，只有拥有丰富的资源，乡村旅游才得以有序进行。在乡村旅游资源开发过程中，要预先调查乡村旅游地的资源赋存情况，确定其具有一定的市场供给量。同时，从乡村旅游综合发展的角度出发，乡村旅游者对乡村资源的需求和期望，决定了哪些资源具有更高的开发价值，从而予以先行开发利用，为乡村旅游的阶段性开发提供借鉴。

二、旅游地生命理论

（一）理论阐释

旅游地生命周期的研究开始于20世纪70年代，科恩将旅游者分为漫游者、探寻者、散客、团体游客四类。前两类游客对诸如舒适的食宿条件等旅游服务不感兴趣，他们总是在寻找新的更刺激的旅游目的地；而后两类游客则喜欢去环境安逸、物美价廉的旅游地。这就表明，要开发不同模式的乡村旅游地以满足不同类型游客的消费需求。在此基础上，加拿大学者巴特勒结合其他人文地理研究提出了旅游地生命周期理论，其直观的表达是旅游地的景观、资源状态等不是一成不变的，而是随着时空的变化而不断演变的。他将一个旅游地的生命周期划分为探查、参与、发展、巩固、停滞、衰落或复兴七个阶段，每个阶段的旅游资源都呈现出不同的状态。旅游地生命周期理论的运用有助于掌握资源开发在不同阶段可能出现的问题，及时采取措施并加以调整，实现旅游地的可持续发展。

（二）旅游地生命周期与乡村旅游资源开发

乡村旅游的发展以资源为依托，乡村旅游地生命周期实质是旅游资源的生命周期。乡村旅游开发之初，应充分调查研究资源赋存情况，了解资源现存状态，以便于合理利用保护资源。例如，乡村旅游地处于参与阶段，资源仅发生少量变化，在资源开发过程中，应在保护的前提下，加大对资源的开发和利用；而当乡村旅游地处于停滞阶段，资源破坏严重，则应加大对资源的保护，限制资源的开发。旅游地的发展走向衰落实质上是旅游资源走向了衰落，其根本的解决方法是更新主导旅游资源产品或者另辟蹊径，开发新的旅游资源，使其更好地适应市场需求。我国大部分地区的乡村旅游尚处于参与和发展阶段，乡村资源尚处于原生状态，因此，乡村旅游业仍具有旺盛的生命力和良好的发展势头，我们应该把握发展时机，合理利用和整合乡村旅游资源，坚持可持续发展战略，保证乡村旅游业健康有序发展。

三、景观生态学理论

（一）理论阐释

1. 景观整体性与空间异质性理论

景观整体性原理可以理解为，景观是由构成景观的各个要素经过有机组合形成的，其中形成的景观系统具有独立个体的功能特性和视觉特征，但是其要素之间的相互作用使得景观系统表现出"整体大于部分之和"的特性。

景观异质包括空间异质和时间异质。空间异质性反映一定空间层次景观的多样性，时间异质性反映不同时间尺度景观空间异质性的差异。异质性决定了景观空间格局的多样性。

乡村旅游地可持续发展的实质是其地域内景观的"求同存异"，"同"是指景观整体性的动态维持，而"异"则指空间异质性的不断构建。景观整体性和空间异质性理论要求乡村旅游开发者在整体规划时要注重景观资源的合理表达和组合构建。

2. 景观多样性与稳定性理论

景观多样性是指构成景观的空间单元（斑块）在数量、大小、形状上的分布和组合规律的多样性，以及斑块间的连接性、连通性等结构和功能上的多样性。一般认为景观的多样性可构成景观的稳定性。

旅游生态系统是一种非独立性的景观生态系统。多种旅游生态系统共同构成异质性的景观格局，形成具有不同旅游功能的旅游景观，使旅游景观的稳定性达到一定水平，从而保障景观旅游功能的实现。生态旅游景观的稳定性，不仅反映着自然和人为干扰的程度，而且也成为生态旅游目的地持续发展的必要条件和检验指标之一。

3. 景观变化理论

景观变化是指景观系统的结构和功能在自然和人为干扰下产生的变化。乡村旅游地的景观变化主要来自人为干扰。例如，旅游者对自然景观的破坏影响了植物的多样性；旅游地超负荷的游客容量使得干扰强度超出景区的承载能力，进而引起旅游地生态系统的失调，这些景观变化都在一定程度上抑制了乡村旅游业的发展。

（二）景观生态学与乡村旅游资源开发

景观生态学要求乡村旅游资源在开发过程中要注重生态性，它包括几个方面的内容：一是要尽量保持原生态景观，减少人工干预，减少对环境的影响；二是实施生物多样性保护，在乡村旅游资源开发过程中要保护旅游地的濒危物种、生物多样性、乡土植被、自然水系和自然风景等；三是资源的开发必须保持对乡村文脉和地脉的尊重和敏感。在乡村旅游资源开发过程中，尽量减少对生态旅游资源的干扰，在开发利用乡村旅游资源时，注重运用景观生态学的思想，将资源要素进行合理有效的组合，以保持资源的可持续利用性。

四、"原乡规划"理论

（一）理论阐释

"原乡"其意义可解释为"原生乡村""原色乡村"和"原真乡村"，意味着对乡村文脉和地脉的传承与尊重。

"原乡规划"理论的提出，是对中国工业化和城市化进程中，以城市化和大规模开发为指导思想来引导规划的反思，特别是新乡村建设过程中，大拆大建，乡村原貌被毁，取而代之的是新乡村的"城市化运动"，背离"原乡"的本意，这种规划思想将毁掉"美丽乡村"的美好愿景。"原乡规划"理论是指在乡村规划中保持乡土特色以及原生态规划思想，或者在城市规划中加入自然、乡村本色的成分，做到人地和谐，天人合一，它借鉴了老子和庄子顺应自然的"无为自化"思想，强调在规划过程中以"无为"为最高境界。

（二）"原乡规划"与乡村旅游资源开发

"原乡规划"理论要求在乡村旅游资源开发过程中要以乡土景观资源为依托，以保护乡村生态环境、传统生产生活方式以及原真性民俗文化为前提，以乡土聚落布局为基础，以中国传统乡村的布局理念为主导，通过科学规划和较少的人工干预完善乡村景观系统，形成真实的乡村景观意象，实现乡村原真性的保护。

各省乡村旅游资源的开发应立足现有的资源禀赋、生态条件和地形地貌，按照"宜居宜业宜游宜文"的目标要求，对乡村特有的山水资源、产业资源、农耕资源、民俗文化资源以及乡土建筑资源等进行提炼和定位，尊重农民的生产生活习惯和传统习俗，力求彰显乡土特色。

第三节 美丽乡村建设视角下乡村旅游资源开发的意义

一、有利于疏散游客

乡村地域广大，景点分布不拥挤，旅游活动空间大，为旅游业的发展提供了良好的空间条件。目前，我国许多旅游城市均已出现人满为患的局面，北京、西安、杭州、苏州等旅游热点城市的情况更为糟糕。苏州在旅游高峰时，每日游客高达50万人次，一些名园如故宫、拙政园、留园、西园等更是人满为患，身置其间犹如进入拥挤的商场。而乡村的游客容量比较大，如能巧妙利用当地独特的旅游环境，开发乡村旅游资源，势必能吸引城市游客，减缓旅游热点城市的人口压力，如浙江富阳的"农家乐"、新安江的"渔家乐"等乡村休闲旅游项目，又如北京市郊区利用广阔的塞上草原发展草原旅游，使游客通过旅游领略到"天苍苍，野茫茫"的草原意境，富有强烈的吸引力，值得借鉴。

二、有利于振兴乡村经济

乡村旅游不能理解为一种纯粹的农业资源开发，而要与区域内其他旅游资源和旅游景点的开发结合起来，以形成资源共享、优势互补、共同发展的格局。2010年我国的小城镇已突破4万个，城镇化比率达到51.33%，最近10年间，我国平均每年增加小城镇约1200个。乡村旅游开发要与小城镇建设相结合，小城镇建设要求按旅游城镇风貌进行控制，使小城镇本身就成为旅游吸引物之一，也可以依托小城镇发展乡镇企业，如农副产品的深加工、旅游纪念品的生产等。

三、有利于增加农民的收入

农业生产是传统农民的主要收入来源，但单纯的农业生产给农民带来的收入比较低，这是因为农产品的需求不会随着人民生活水平、收入的提高而增加。旅游业是第三产业的重要组成部分，农业旅游的产生和快速发展不但可以推动农业改造升级，而且有利于转移乡村剩余劳动力，对增加农民收入、促进乡村经济发展有较大的作用。

四、有利于提升农民的综合素质

从事旅游产品生产与服务的农民必须经过一定的培训,并学习新的理念与知识。在学习过程中,农民的礼仪与服务意识等综合素质能够得到持续提升;而游客的大量涌入,使村民获得了更多的与外界交流的机会,其眼界不断开阔,自身素养悄然提升。

五、有利于扩大旅游产业规模

我国旅游业提出了要实现由亚洲旅游大国向世界旅游强国跨越的目标,要实现这一宏伟目标,壮大旅游产业规模必不可少,而大力开拓乡村旅游市场,则对推进我国旅游强国的建设大有裨益。不断扩大的乡村旅游市场对壮大我国旅游经济规模又会起到积极的作用。

六、有利于解决乡村剩余劳动力问题

我国农业仍然是以种植业为主的农业,农业结构不合理,乡村第三产业比例非常小,乡村经济效益低下。发展乡村旅游必然会带动乡村商业、服务业、交通运输业、加工业等相应产业的发展,带动产业结构的调整。同时,乡村旅游业的发展必然会带来更多的就业机会,有利于解决乡村剩余劳动力问题。

七、有利于深度挖掘农业和乡村资源

田园风光、特色民居、民风民俗等资源是乡村旅游的主要吸引物。乡村旅游产品开发是对这些吸引物的转化与利用,乡村旅游促进了农业资源的优化配置与合理利用。这些既定存在的资源经过深度挖掘和加工,就能具备更为特殊的文化意蕴,有利于增强乡村的观光与休闲度假功能。

第四章 乡村旅游产品与组织管理形式

随着当前时代的快速发展,人们的基本生活得到了较大的保证,而对于精神层次的需求不断提高。近几年旅游行业的发展,为人们提供了诸多新奇的旅游体验形式,而乡村旅游产品开发在促进当地经济发展的同时,也使人们拥有了较好的生活体验。本章分为乡村旅游产品概述、乡村旅游创意产品开发的主要方向、乡村旅游的组织管理形式三部分。主要内容包括乡村旅游产品的内涵、乡村旅游产品的特点、乡村旅游产品的类型、乡村旅游产品的特色等方面。

第一节 乡村旅游产品概述

一、乡村旅游产品的内涵

(一)产品

产品是指能够供给市场,被人们使用和消费,并能满足人们某种需求的任何东西,包括有形的物品,无形的服务、组织、观念或它们的组合。广义的产品指能够满足人们需求的载体;狭义的产品指被生产出的物品。人们向市场提供的能满足消费者或用户某种需求的任何有形物品和无形服务都是产品,比如美容、滑雪、度假、摇滚音乐会、蛋糕都是产品。产品在现代市场中有着丰富的内涵和形式,既有有形的实物产品,也有无形的服务产品,还有些产品甚至只是一个概念、一种感受或者一段经历。

20世纪90年代以来,菲利普·科特勒等学者倾向于使用五个层次来表述产品的整体概念,认为五个层次的表述方式能够更深刻、更准确地表述产品整体概念的含义。产品一般可以分为五个层次,即核心产品、基本产品、期望产品、附件产品、潜在产品。核心产品是指产品提供给购买者的直接利益和效用;

基本产品是核心产品的宏观化；期望产品是指顾客在购买产品时，一般会期望得到的一组特性或条件；附件产品是指超过顾客期望的产品；潜在产品指产品或开发物在未来可能产生的改进和变革。社会需要是不断变化的，因此，产品的品种、规格、款式也会相应地改变。新产品不断出现，产品质量不断提高，产品数量不断增加，是现代社会经济发展的显著特点。

（二）旅游产品

旅游产品是一个复合概念，至今国内外学者对旅游产品还没有给出一个完全统一的定义。广义的旅游产品，是指旅游服务诸行业为满足旅游者游程中的生活和旅游目的所需要提供的各类有形物品、无形服务以及其组合的总称；狭义的旅游产品，是指以"吃住行游购娱"旅游六要素为主体的有形物品和旅游活动。本书主要探讨的是狭义的旅游产品中的有形物品。肖潜辉把旅游产品界定为供旅游者消费的物质产品和服务产品的总和。谢彦君认为旅游产品是指为了满足旅游者审美和愉悦需要而在一定地域上被生产或开发出来以供销售的物象与劳务的总和。魏小安等认为旅游产品是以旅游线路为主供旅游者消费的各种要素的组合。陶汉军、林南枝认为从旅游供需角度出发，旅游产品就供给者而言，是向旅游者提供的全部服务要素的总和；从需求者角度来看，是旅游者所获得的旅游经历。刘敦荣认为旅游产品是凡能满足旅游者在旅游活动过程中的各种欲望和需要的物质实体和非物质形式的劳务的总和。马勇认为旅游产品是提供给旅游者的一切吸引物及其他必需品，是旅游经营者所生产的，准备销售给旅游者的物质产品和服务产品的总和。根据这些学者的探讨和研究，我们发现上述这些定义对旅游产品各要素的界定都有一个共同点——旅游产品是行、游、住、食、购、娱六方面的实物产品和无形服务。旅游产品是多种要素的"总和""组合""混合"。

总的来说，从旅游目的地的角度出发，旅游产品是指旅游经营者凭借着旅游吸引物、交通和旅游设施，向旅游者提供的用以满足其旅游活动需求的全部服务；从旅游者的角度出发，旅游产品就是指旅游者通过花费一定的时间、费用和精力所换取的一种经历。

从不同角度可将旅游产品分为不同的类型。一般来说，旅游产品从旅游业态的角度可以分为观光旅游产品、休闲旅游产品、度假旅游产品、养生旅游产品，也就是通常说的"看""玩""住""养"四大类。当然，细分还有服务旅游产品、体验旅游产品等；从旅游产品构成角度，可以分为整体旅游产品和单（专）项旅游产品；从旅游产品形态角度，包括团体包价旅游、散客包价旅游、半包价旅游、包价旅游、零包价旅游、组合旅游、单项服务。此外，旅游产品还可以按距离长短、计价形式、费用来源和旅游方式等来分类。

（三）乡村旅游产品

目前，对于乡村旅游产品的研究也非常多，学术界也没有完全统一的认识。杨敏认为乡村旅游产品是指旅游者在乡村旅游过程中，所能够购买或体验的一切有形的商品和无形的精神感受。李伟认为乡村旅游产品是一种具体表现为地方性节庆民俗文化旅游、知青回村等形式的"复合式"旅游。唐代剑把核心产品层、形成产品层和扩展产品层作为乡村旅游产品的三个层次。蔡碧凡认为乡村旅游产品是提供给游客的有形的产品和无形的服务的综合。乡村旅游资源包括能看到的实物，如山水房屋、树木、景观等和看不到的服务，如导游服务等。赖侦铿从游客的角度来定义乡村旅游产品，他认为乡村旅游产品是游客满足猎奇心理的一次旅游经历。乡村旅游产品作为一种专项旅游产品，除具有一般旅游产品的无形性、不可储存性、不可移动性、生产与消费的同步性等基本特征以外，还有其特定的性质。乡村旅游产品从总体上说，有广义和狭义之分。从广义上讲，乡村旅游产品是空间和区域的概念，是相对城市旅游产品而言的，指在乡村（郊区）开发建设的各类旅游产品和服务。而狭义的乡村旅游产品是实体和物质的概念，指依托乡村地区的自然资源、田园风光、乡村文化以及具有乡村性的农事生活和建筑景观而生产的，以满足游客在乡村观光、休闲、度假、养生等方面的需求的旅游产品，是一种专项旅游产品。

二、乡村旅游产品的特点

（一）产品的参与性

在体验经济时代，参与性是体验经济的首要特征，没有参与性的乡村旅游产品只能满足旅游者感官上的需求，但是很难引起游客在情感上的共鸣。因此，产品的参与性是乡村旅游产品的一大特点。

（二）产品的差异性

产品的差异性指的就是乡村旅游产品的主观性和个体性。每一个旅游者的家庭背景、生活环境、知识文化程度、个人兴趣爱好等都存在很大的差异，因此旅游者对于乡村旅游产品的体验性也存在很大的差别，这就要求在对乡村旅游产品进行规划时必须重视乡村旅游产品的差异性，这种差异性可以通过产品的质量、形式、包装等体现出来，以更好地满足不同游客的需求。

(三)产品的时尚性

从本质上来说,乡村旅游产品其实就是乡村社会文化和当地居民生活价值取向的一个载体,但是在规划乡村旅游产品时也不能简单地从乡村居民的角度出发,原因就在于旅游者是乡村旅游产品的主要消费者,而绝大部分旅游者对于时尚的追求是一种本性,因此在规划乡村旅游产品时要重视将乡村性与时尚性结合起来。

(四)产品的原生性

乡村旅游之所以能够吸引越来越多的城市居民,根本原因就在于乡村生活的特殊性,由此我们可以看出在乡村旅游中对游客产生吸引力的是原汁原味的乡村生活。因此,在对乡村旅游产品进行规划时必须要重视产品的天然性和原生态性。

(五)产品的乡村性

乡村旅游产品的乡村性是界定乡村旅游的核心内容,是乡村旅游独特的卖点,是乡村旅游区别于城市旅游的根本特征,乡村旅游产品正是以这种纯朴而浓郁的乡土气息来吸引游客的。乡村性主要表现在资源具有明显的乡土性和旅游活动具有浓郁的乡情性。比如古色古香的乡土民居、如诗如画的田园风光、原始古朴的劳作形式,这些都散发出浓郁的乡土气息。与农家朋友漫步于田间小道,或与他们一起种植、采摘、载歌载舞,这些活动都蕴含着浓浓的乡情。

(六)产品的教育怡情性

乡村纯朴的传统美德及生产生活具有天然的教育和怡情功能,乡村旅游产品能够给旅游者带来快乐、轻松、兴奋、愉悦和幸福等各种各样的心理感受,能够启迪人的心灵,陶冶审美情趣,提高文化素养。比如在与民同耕的参与性产品中可以体验到乡民"锄禾日当午,汗滴禾下土"的艰辛和生命的厚重韵味。

(七)产品的脆弱性

乡村旅游产品的脆弱性主要表现在乡村旅游产品是基于乡村的生态环境设计的,而乡村的生态环境本身属于一种半人工半自然的生态,这种特殊的生态环境很容易受到游客的破坏,而伴随着乡村生态环境破坏而来的是乡村旅游产品的破坏。

三、乡村旅游产品的类型

（一）从消费行为的角度划分

1. 核心产品

乡村旅游的核心产品指的是乡村自然景观与社会人文景观，这是发展乡村旅游的基础和核心。一般来说，乡村旅游的核心产品主要包括乡村接待、乡村度假、乡村景观、乡村文化。对于旅游者而言，缺少其他产品所造成的后果无非是体验感下降，但是缺少核心产品则会造成旅游者失去最基本的旅游动力。因此，乡村旅游核心产品的开发与规划对于乡村旅游的发展有着十分重要的意义。

2. 辅助产品

乡村旅游的辅助产品是根据乡村旅游的核心产品延伸出来的，以弥补乡村旅游核心产品的不足。例如，乡村接待需要提供相应的餐饮与住宿服务，又如乡村文化是一个抽象的概念，需要借助一定的载体进行表现，而各种乡村工艺品、特色活动等就是最好的载体，这些都是乡村旅游辅助产品的表现。事实上，辅助产品看似没有核心产品重要，但是也是不可或缺的。如果说核心产品是乡村旅游的基础，那么辅助产品则是乡村旅游质量提高的保证，是增加核心产品吸引力的根本途径。

3. 扩张产品

乡村旅游的扩张产品是由政府、企业、行业协会等组织的面向乡村旅游的营销或服务网络。扩张产品是乡村旅游发展到一定阶段、形成一定规模后的产物，游客通过乡村旅游网络获得旅游信息、预订其他增值服务，乡村旅游的从业者也通过该网络共享资源并开展营销活动。

（二）从旅游资源的角度划分

1. 村落民居旅游产品

村落民居旅游产品指的是那些将乡村民间建筑作为旅游开发资源的旅游项目，这些民间建筑大多数是传统的民居，但也有部分是独具特色的现代化建筑，具体如下。

①将古民居作为旅游资源进行开发是乡村旅游的一大热点。很多农村由于交通不便，与外界的交流较少，因此很好地保存了古代建筑，这些建筑对于处于现代社会环境下的人们具有极大的吸引力，例如，汉族的秦砖汉瓦、斗拱挑

檐的建筑形式，黎族的船形茅屋，傈僳族"千脚落地"的草屋，侗族外廊式的木楼等都是极好的乡村旅游资源。如福建武夷山市武夷镇村的明清建筑、山西的王家大院、河南的康百万庄园等。这些地区因古民居保存完整，历史风貌古朴而受到诸多旅游者的喜爱。

②将现代化乡村建筑作为主打产品进行开发也是当前乡村旅游的一个着眼点。由于在现代化农村建设中很多地区盲目地按照城市进行规划，因此很多乡村失去了特色，无法开展乡村旅游。但是也有部分地区在对乡村建筑进行规划时结合乡村发展特点充分展示了社会主义新农村建设成果，比较有名的有江苏的华西村、河南的南街村等。

2. 民俗风情旅游产品

乡村旅游对游客产生吸引力的一个主要原因就是乡村具有独特的风土人情和民俗文化。因此，开发风俗民情和乡村文化，突出乡村的农耕文化、乡土文化等是一种十分常见的手段。目前比较常见的民俗风情旅游产品主要有以下几种。

①生产民俗，如农耕民俗、手工业民俗等。

②流通交易民俗，如商业民俗、通讯民俗等。

③消费生活民俗，如服饰、饮食等。

④社会礼仪民俗，如成人、婚嫁、寿诞、葬埋礼俗等。

⑤家族民俗，如称谓民俗、排行民俗、财产继承民俗等。

⑥村落民俗，如集市民俗、村社民俗、乡规条例民俗等。

⑦民间组织民俗，如行会民俗、社团民俗、帮会民俗等。

⑧历法及时节节日民俗，如传统节日、二十四节气、本民族的年节等。

⑨信仰民俗，如民间宗教活动、民间禁忌、民间崇拜等。

⑩游艺民俗，如民间体育竞技民俗（赛龙船、赛马）、民间艺术民俗（蜡染、剪纸、刺绣、雕刻等）、民间口承语言民俗（民间传说、神话、故事、山歌、谚语等）。

3. 田园生态旅游产品

将乡村的田园生态环境与各种农事活动结合起来开发成乡村旅游产品是我国乡村旅游发展早期的一种表现形式，但是近年来随着城市居民对千篇一律生活的不满，这种独具风情的乡村生活模式又迎来了新的发展。根据主题的不同，田园生态旅游产品大致可以分为竹乡游、花乡游、水乡游、果乡游等，也可以根据旅游活动的内容将其分为四种类型，具体如下。

①农业景观游。农业景观游指的就是以欣赏农业景观为主题的乡村旅游项目。比较常见的农业景观旅游形式有田园风光观光，如欣赏水乡、梯田等独特的田园景观；林区风光观光，如森林旅游、种植园旅游等；草原观光，如欣赏大草原景观等。

②农业科技游。随着科学技术在农业生产中的应用越来越广，很多农业景观既具有传统农耕文化的特点，也具有现代科技的特点，这种特色的结合极大地增强了农业景观的吸引力，也催生了将农业科技作为主打产品的乡村旅游产品，例如，观赏高科技种植园区等。

③绿色生态游。一般绿色生态游指的就是充分利用乡村原生态的生态资源来发展旅游项目，这种旅游项目一般应尽可能地减少人工痕迹，增加旅游者与自然生态环境接触的机会。

④乡村务农体验游。城市居民大致可以分为两种类型，一种是城市原居民，即从城市建立那一刻起就是城市居民，另一种则是外来居民，例如，借助城区扩建或者自主迁入城市等手段成为城市居民。对于第一种居民而言，乡村的农耕生活极为新鲜，而对于第二种居民而言，乡村的农耕生活是缅怀过去生活的一种手段，因此催生了乡村务农体验游。即让游客与村民一起生活，共同劳动，亲自接触真实的农耕生活，感受乡土气息。

4. 乡村自然风光旅游产品

乡村自然风光旅游产品即由乡村地区的自然地质、地貌、风景水体、风景气象气候与天象、生物等旅游资源形成的旅游产品。

①自然地质旅游：典型的地质构造、典型的地质剖面、岩石、矿物、古生物化石、火山地震遗迹、海蚀、海积遗迹、典型的冰川活动遗迹等。

②地貌旅游：山岳地貌、岩溶地貌、干旱风沙地貌等。

③风景水体旅游：江河风景河段、溪涧风景河段、构造湖、火口湖、堰塞湖、河迹湖、海迹湖、风蚀湖、冰蚀湖、溶蚀湖、人工风景湖、风景瀑布、冷泉、矿泉、观赏泉、风景海域等。

④风景气象气候与天象旅游：云雾景、雨景、冰雪景、霞景、旭日夕阳景、雾凇、雨凇、蜃景、佛光景。

⑤生物旅游：植物包括观花植物、观果植物、观叶植物、观枝冠植物、奇特植物、珍稀植物、风韵植物、森林；动物包括观形动物、观色动物、观态动物、听声动物、珍稀动物、表演动物。

(三)从旅游者体验的角度划分

1. 乡村观光旅游产品

乡村观光旅游产品指的是将乡村的自然风景和各种社会人文景观作为主题,以参观为主要方式的一种旅游产品。例如,古建筑观光、风水文化观光、园林文化观光、田园观光等。

2. 娱乐型旅游产品

娱乐型旅游产品即为满足旅游者休闲、娱乐的需求而提供的旅游产品。纯粹的观光对于游客的吸引力是极为有限的,很多游客选择乡村旅游的一个基本出发点就是充分享受乡村的生活,因此,娱乐型旅游产品的开发是十分重要的。例如,为了让游客更好地融入乡村生活而开发的示范表演;为游客提供亲手制作乡村手工艺品的机会;让游客亲自动手制作农家的食物和饮料等。

3. 保健型旅游产品

部分乡村由于缺少独特的自然景观与乡村文化,另辟蹊径地开发出了保健型旅游产品,如针对当前大众普遍处于"亚健康"的状态开发出了各种强身健体、修身养性、医疗保健的旅游项目。例如,日光浴、温泉浴、食疗养生等。

4. 乡村休闲度假旅游产品

乡村休闲度假是指在乡村地区,以特有的乡村文化和生态环境为基础开展的休闲度假活动,是较高层次的一种旅游形式。休闲度假旅游产品融观赏、参与、体验、教育、娱乐为一体,主要有周末节日度假游、家庭度假游、集体度假游、疗养度假游和学生夏令营等形式。

5. 乡村生活体验旅游产品

典型的乡村生活体验游有民俗风情体验游、野外生存体验游、童趣追忆体验游、亲子温馨体验游、动物亲近体验游、心理调节体验游、贫困苦难体验游、农家生活体验等。如农家生活体验的活动形式主要有果园摘果;在花卉园学习插花技艺;茶园采摘;在竹园学习竹编、竹雕、竹节造型等艺术和烧制竹筒饭。在牧区可以挤马奶、勾兑奶茶、骑马放牧,感受原汁原味的牧区生活。

6. 修学科考旅游产品

修学科考旅游产品其实是专门为青少年设置的一种产品类型。目前,很多孩子都是独生子女,父母的长期溺爱使得这些孩子对大自然缺少足够的了解。而修学科考旅游产品正是针对这一现象而设计的,通过为青少年提供各种自然科考的机会来吸引游客,例如,青少年环境保护游、农业生产游、大自然生态写生游等,在旅游中帮助青少年认识自然,认识乡村,树立正确的人生观与价值观。

7. 探险旅游产品

探险旅游是户外娱乐的一种形式,也是提高人类适应性的一种特殊活动方式。常见的探险类型有沙漠探险、海岛探险、高山探险、高原探险、攀岩探险、崖降探险、徒步探险、滑雪探险、雪地驾驶探险、河谷探险、漂流探险、湖泊探险、洞穴探险、冰川探险、森林探险、狩猎探险、观鸟探险、垂钓探险、潜水探险、驾独木舟探险、野营探险、狗橇探险、遛索探险、骑马探险、划艇探险、草地探险、野外生存探险、雪地徒步探险、峡谷探险、古驿道探险等。探险旅游主要显示了人类对自然界的利用还存在着脆弱性和局限性,也显示了自然界的原始性和神秘性。进行探险旅游一般要具备一定的探险知识、野外生存知识。

8. 民俗旅游产品

民俗旅游产品即将乡村的民俗文化作为切入点开发的旅游产品。例如,根据乡村的舞蹈风俗、体育风俗,以及各种传统的工艺品、饮食文化、民族建筑等开发出的产品。

9. 节日旅游产品

节日旅游产品指的是以各种节日为核心的一种旅游产品。一般来说,节日旅游产品根据节日活动内容的不同大致可以分为以下五种。

①农村风光节日。即将欣赏农村优美的自然风光作为节日的主题。很多景观都是具有一定的时间限制的,在最美景观出现之时开展各种以景观为主题的节日活动能够极大地提高对游客的吸引力。例如,北京延庆冰雪旅游节、成都清流梨花节、中国四川(西岭雪山)南国冰雪节、齐齐哈尔观鹤节、伊春森林旅游节、安徽砀山梨花节等。

②农业产品节日。即庆祝某种农业产品丰收的节日,这种节日往往是一种狂欢式节日,与以往的生活节奏截然不同,这对于希望脱离日常生活的城市居民而言极具吸引力。例如,北京通州西集镇的绿色果树采摘节、哈尔滨松北的葡萄采摘节等。

③民俗文化节日。中国的民族众多,因此各种民族节日也十分繁多,这些民族节日都是不同民族文化的载体。例如,赫哲族的旅游节、宁波市的乡村美食节、天台山的高山茶文化节等。

④历史典故节日。即将历史上比较有名的事件作为节日的主题,然后针对

性地开发旅游产品,例如,都江堰的李冰文化节等。

⑤综合类节日。即没有特定主题的节日,内容包括多种体验方式,能满足游客的不同需求,一般来说,这种类型的节日多以"文化节"命名,例如,郫都区休闲乡村旅游文化节、大连万家岭老帽山映山红旅游文化节等。

10. 乡村会议度假旅游产品

乡村会议度假旅游产品指的是将会议作为切入点进行开发的一种旅游产品。对于一些大型会议而言,如果乡村的生态环境优美、基础设施完善且交通比较便利的话,那么会议的举办方很乐意在乡村地区举办会议,这对于提高参会人员的工作效率是极为有利的。

11. 专项旅游产品

专项旅游产品包括体育旅游、摄影旅游、电影电视拍摄旅游、野营旅游、怀旧旅游与历史事件遗迹旅游等。摄影旅游指旅游者前往乡村地区拍摄自己的摄影作品,将旅游与摄影相结合的一种旅游方式。怀旧旅游是指专门寻觅历史上的社会风情、建筑、生活用具、名人故居等的旅游活动。历史事件遗迹旅游则是乡村旅游的重要组成部分,在乡村地区有开发这一旅游产品的丰富素材。

12. 乡村购物旅游产品

乡村购物旅游产品包括农村服饰、农副产品、土特产品、手工艺品、农村饮食等有形物品。主要指利用石、木、竹、柳、藤、荆等编制、加工的各类工艺品,以及利用葫芦、高粱穗、麦秆、芦苇、马莲草等加工成的生活用品等。乡村购物旅游产品具有纪念性和实用性。

四、乡村旅游产品的特色

(一)乡村旅游产品的客观真实性

目前,学界对旅游产品的真实性研究主要集中在客观性主义真实、建构性主义真实和存在性主义真实以及后现代"超真实"四个方面。客观主义真实观是从客观的、博物馆学的角度来看待真实性问题的,强调被旅游的客体与原物完全对等,即认为展示给旅游者的对象应是完完全全真实的,不能掺杂丝毫的假。客观主义者认为,商品化会破坏地方文化的真实性。建构主义真实观认为旅游真实性是由各种旅游企业、营销代理、导游、动画片制作者等共同制造出来的。因此,真实性是一个社会建构的概念,其社会含义不是给定的,而是相对的、商榷的、由环境决定的,是思想意识形态的。建构主义者认为商品化并不一定会破坏文化的真实性，商品化会不断地为地方文化注入新的活力，成为民族身份的标志。存在主义真实观认为存在的本真是人潜在的一种存在状态，可由游客参与的各种令人难忘的、激动人心的旅游活动来激发，如游客在参加不同寻常的活动时，会感到比日常生活更加真实。后现代主义"超真实"观抹杀了"真"与"假"的界限，认为模拟变得如此真实，比真实还真，已达到一种"超真实"境界。

从上述四种观点来看，乡村旅游产品明显具有真实性的特点。旅游者到乡村进行旅游互动，观察乡村居民的真实生活方式和各种传统习惯，并亲自参与到农耕生活、节日庆典、产品加工等活动中，充分满足了旅游者体验不同生活的需求。更为重要的是，旅游者参与的各种活动并不是旅游地区提供的一种虚假活动，而是旅游地的日常生活，这是乡村旅游真实性的最大体现。

（二）乡村旅游产品兼具自然特色与人工特色

与城市环境相比，乡村旅游产品的自然环境较为优美，与纯粹的荒野森林相比，乡村的旅游产品又具有一定的人工属性，这种半人工半自然的特点使得乡村旅游产品的自然环境更具有特色。例如，我国拥有森林景观的地区众多，原始森林面积极为广阔，但是这些地区缺少对游客的吸引力，原因就在于这些地区缺少人工规划，处于最为原始的状态，与游客的预期心理不相符。而乡村旅游产品既保留了森林景观的原始性，同时也对森林景观进行了一定的规划，使得森林景观显得井然有序，如此对游客的吸引力自然会大幅度提高。试想一下，对于游客而言是搭个帐篷睡在纯粹的原始森林更有吸引力，还是住宿在乡村提供的森林旅馆中更具有吸引力？毫无疑问，除了纯粹的探险者，后者更具有吸引力。

（三）乡村旅游产品独特的人文环境

乡村地区所依赖的人文环境独特。如江西婺源青砖黛瓦的明清民居、原汁原味的古村驿道、廊桥和茶亭，气势雄伟、工艺精巧的祠堂、官邸。安徽宏村古朴宽敞的民居群，巷门幽深，青石街道，栋宇鳞次，有着科学的人工水系，是徽州传统地域文化、建筑技术和景观设计的典型代表。

（四）乡村旅游产品明显的季节性

农业生产是在人们定向干预和调节下的生物再生产过程，生产的各个阶段深受水、土、光、热等自然条件的影响和制约，具有明显的季节性，从而导致农业旅游活动具有明显的季节性。乡村农业生产活动有春、夏、秋、冬四季之分，夏、秋季节乡村旅游火爆，冬、春季节则较为冷淡。

（五）乡村旅游产品明显的地区差异性

不同的地域有不同的自然条件、山水环境、文化背景、生活习俗等。另外，每一个地方的农业生产，包括农、林、牧、副、渔等产业的生产也具有很明显的地域性和特色。中国乡村既有南北乡村之分，又有山地平原乡村之分，还有汉族和少数民族乡村之分。我国的乡村旅游产品具有明显的地域性特色，如东部沿海以海洋农业和渔猎生活为特色，东南部以江南鱼米之乡和小桥流水为特色，南部以热带海滨风光为特色，北部以冬季的冰天雪地为特色，西部以草原景观和游牧生活为特色，西北以沙漠戈壁和雪山绿洲为特色，西南部以高山峡谷和垂直农业为特色，青藏高原以神秘的民族文化和高寒农业为特色，平原地带以一望无际的田园风光为特色；还伴有纷繁复杂的庙会节庆、人文历史和浓郁的少数民族风情等。

五、乡村旅游产品的开发原则

（一）要有明确的产品定位

在进行充分的调查研究之后，就要对所需开发的乡村旅游产品进行准确的定位。一般来讲，即使一个很小的旅游产品，在开发初期也需要进行全方位的定位。这样做是为了避免盲目开发，准确地把握产品的开发方向。乡村旅游产品的定位主要包括以下几点。

①区址定位：确定产品（项目）的主体方位、区域范围、开发面积，以及周围边界的基本界定。

②景观特色定位：确定产品（项目）的主体（或核心）景观以及主要的资源属性、品位等级、景观特色。

③客源市场定位：确定项目的主要客源市场、客源群体以及大致的消费水平。

④产品功能定位：确定主要功能，其中包括专项、特种和复合等类型，如乡村度假休闲型（农家乐、乡村乐园、生态养生、健身运动）、乡村观光体验型（自然景观现代农业、农产品采摘）、乡村民俗文化型（民族风情、民俗节庆）、乡村综合型（新农村展示、红色旅游、科技示范、农副产品）。

⑤重点项目定位：确定项目中各个重点建设的子项目，并对这些子项目进行概念性策划，或主题、风格与内容的整体策划。

⑥开发时序定位：确定开发建设过程中的工作目标、项目时序及分解实施计划。

（二）营造清洁、干净的乡村环境

文化是旅游的灵魂。乡村中有机和谐的生态文化是旅游产品的灵魂。当然乡村旅游产品的开发不可避免地要面对商业化，诸多"乡村特色"会在旅游潮流的冲击下快速凋谢，乡村文化的异化速度惊人。当投资者充满热情地去开发乡村旅游产品以迎合城里人的文化追求时，必须自觉地体现城市人对"乡土特色"的理解和珍视。许多乡村旅游产品舍弃地方特色，模仿、杜撰一些品性不高、格调不雅、牵强附会的东西，舍本逐末，短期效果可能好，但没有长久的生命力。

旅游者心理需求的研究结论告诉我们，旅游者在购买旅游产品时，既希望获得新奇感受，又不愿过分背离他们自认为良好的行为习惯和生活方式。乡村旅游的客源市场以都市人为主，他们喜欢清洁、卫生的生活环境。相比之下，绝大部分乡村的环境质量和卫生标准与都市相差甚远，这就要求在开发旅游产品时，一方面，在产品的核心内容上，保持住内在的"乡土味"；另一方面，在产品的形式内容上，必须注重卫生标准，至少使其达到都市旅游者可以接受的水平。

（三）满足旅游者对乡村旅游产品的体验需求

旅游消费的本质是购买一种"经历""回忆""印象"或"体验"，参与型旅游产品是让旅游者实现这一购买目的的最佳载体，开发乡村旅游产品时应注重设计多种类型和风格的参与活动，增加主动参与的趣味性、层次性、丰富性和多样性，例如，加工、品尝、健身、购物、民俗娱乐等都大有文章可做。

（四）避免区域内产品开发雷同，走特色化、精品化路线

由于各区竞相开发，在缺少总体规划的前提下，各区盲目地开发乡村旅游产品，结果导致乡村旅游景点很多，但形成品牌的较少，而且发展模式都差不多，走到哪里都是古村落、古民居、古牌坊，景点雷同，容易给旅游者带来视觉疲劳。一方面不利于形成旅游精品的形象，另一方面会引起市场的无序竞争，最终损害乡村旅游的健康发展。针对这现状，应以政府为主导，在深入调查区域乡村旅游资源的基础上，单独制定区域乡村旅游发展规划，深层次挖掘各地现有乡村资源的文化内涵，走差异化发展路线，成立乡村旅游联盟，使得各个地区都在打造自己独特的卖点，形成一村一品的良好格局，并且这些产品可以串成一条经典路线，给游客提供多样化的乡村文化体验。

目前，我国大部分乡村旅游产品主要还是一些初级阶段的"农家乐"，其他类型的乡村旅游产品较少。经营部门大都把眼光局限于文物景点，旅游的产

业链条不够宽、不够长，导致游客在目的地停留的时间较短，以观光为目的的游客占很大比重，对乡村文化的开发只停留在表层。乡村旅游开发应当坚持生态型与文化型相结合的路子，开发多样化的乡村旅游产品，形成一村一景一特色、覆盖整个地区的大乡村旅游网络，推动传统农业与现代化旅游业有机结合，促进乡村经济多元化发展。

（五）改变单调的产品类型，向度假型、体验型方向发展

在欧美发达国家，度假与参与体验是乡村旅游者最喜欢的旅游方式，被称为"绿色度假"，因而它也就成为乡村旅游的主流产品。第一种是休闲观光式的度假方式。他们住在农民的家里，吃着农民自产自制的新鲜食品，观赏农庄周围的自然风景和农舍，到附近不加任何修饰的小池塘里游泳、钓鱼，学习制作面包、奶酪、果酱、果酒的手艺，通过感受农家的生活来增长知识。第二种是纯粹参与各种农业劳动的度假方式，称为"务农旅游"。在美国西部专门用于旅游的牧场上，旅游者放牧可以拿到一定的工资，以资助自己的旅游。其他很多国家多是无报酬的劳动。而在日本，无论成年人还是学生，参加劳动还要交费。

就借鉴的意义而言，从国外的经验可以看到，乡村度假与参与体验是乡村旅游的主流产品，也是乡村旅游中经济效益最好的产品。因此，发展乡村旅游要突破国内现有的发展模式，直接将乡村度假作为发展乡村旅游的主流产品，逐渐向高档休闲度假基地演变。但是，关键的问题是要改善住宿和乡村卫生条件。解决的办法是因地制宜地制定统一的住宿接待标准和乡村卫生标准，并建立严格的监督机制，只有达到标准的地区才可以开展乡村度假。

第二节 乡村旅游创意产品开发的主要方向

一、开发乡村旅游"文化创意"产品

（一）乡村旅游与文化创意的关系

第一，文化创意由于具有很强的创造力，能有效刺激旅游经济健康发展，具有非常强大的生命力。目前，我国的文化创意产业正在突飞猛进地发展，已经从大中城市逐渐转向城镇和农村地区。作为游客都喜新厌旧，希望通过体验异域文化来满足自己的猎奇、猎新的需求，由此带来的乡村旅游创意产品开发也正方兴未艾。

第二,创意是乡村旅游提高核心竞争力的关键所在。创意使乡村旅游产品充满了个性化、人性化,乡村旅游创意产品开发的重点就是要创造出让游客难忘的体验活动,让游客参与文化互动,使乡村旅游产品的生命力得到提高。

第三,文化是乡村旅游创意产品开发的根源。目前,我国乡村旅游常规开发模式的缺点已经非常明显,一是乡村旅游产品品位低、同质化现象严重,倾向于吃土菜、打麻将、钓鱼等较低层次的经营水平,远远不能满足广大旅游者的猎奇需求;二是乡村本土文化低俗化,乡村建设模式化,美丽乡村建设都是一个模式,都是统一的刷白墙、铺红钢瓦,乡村风味已经体验不到,已经没有"记得住的乡愁"。这都是因为乡村旅游产品缺少文化内涵和文化品位。

(二)乡村旅游文化创意产品开发模式

乡村旅游文化产品的开发要围绕创意这个灵魂,遵循旅游产品开发规律,根据本地资源特色和文化积淀,发挥创新思维,对乡村旅游产品进行开发。

1. 本土文化模式

文化是乡村旅游创意产品开发的灵魂,因此,在开发乡村旅游产品时要与本土特色文化结合起来,从民俗、传承、历史、宗教、传说、艺术、文化遗产等方面进行深度挖掘,让游客亲身体验乡土文化的浓郁氛围。与当地的民俗民风相结合,充分挖掘一批富有地方本土文化特色的乡村民俗节庆、农业农耕赛事、乡村宗教活动。例如,自古以来徽州地区就是人杰地灵的好地方,以辉煌灿烂的徽州文化闻名海内外,形成独特的风格和流派,如徽派版画、篆刻、建筑,新安医学、理学、画派、徽菜、徽剧、徽商等,安徽黄山西递村紧紧围绕自身优势,进一步挖掘传统文化内涵,突出展现了黄山西递村的文化遗产——对联文化、祠堂文化。

2. 独特创意模式

要按照"人无我有、人有我新、人新我变"的原则,开发出独具匠心的乡村旅游文化创意产品。例如,法国的南特岛,就成功借助创意进行了转型,南特原本是一座非常普通的工业城市,但是随着世界的工业中心逐渐向亚洲进行转移,南特岛的发展也随之走向衰落,经济非常萧条,城市人口流失严重。在这种日落西山的情况下,在废弃的造船厂里设计师和技工设计建造了一只体型庞大的机械巨象,身高达12米,长度达21米,巨象在南特街头进行着各种与游客的互动表演,引起了大家的普遍关注,点燃了游客的激情,给游客带来了嘉年华式的狂欢体验,逐渐成为法国著名的旅游景观。法国南特岛也因为这个设计而重新焕发出生命活力，实现了城市的转型升级。

3. 参与体验模式

乡村旅游创意产品必须要有参与性和体验性。乡村旅游产品对游客的吸引力及其经济效益主要看游客的参与和体验的广度和深度。例如，近几年来，周庄古镇下大力气打造参与性和体验性强的乡村旅游项目，推出了以野外生存拓展为主的欢乐世界旅游项目，以及以佛教朝圣为主的水月观音文化馆等乡村休闲旅游新产品，还借助古村落和农耕资源，推出了乡村自行车游、自驾体验游、自助划船、划船接新娘等休闲旅游项目，把旅游从古镇延伸到了乡村。

二、开发乡村旅游"产业创意"产品

（一）乡村旅游产业创意产品存在的问题

第一，乡村旅游产业没有进一步形成产业链条，功能还是比较单一，关联度还不够强。乡村旅游产品开发的基础是第一产业，也就是农业；在农业基础上开发乡村旅游商品，对农产品进行加工，是第二产业；发展乡村旅游，开发旅游产品，是第三产业。目前，我国乡村旅游第一、第二、第三产业没有进行有效的整合，大多数乡村旅游产品还处在低端水平，产业链关联度还不够高，忽视了生态、文化与社会价值，过分突出经济功能，阻碍了乡村旅游的进一步发展。

第二，乡村旅游产业的产品开发没有深度。我国乡村旅游没有充分利用乡村旅游产业资源，乡村旅游产业产品如工农业旅游示范点、农业产业基地、国家休闲农业和乡村旅游示范点等在规划开发上还有许多不足。

第三，乡村旅游产业跨行业、跨区域交流不够。旅游业是横跨第一、第二、第三产业的关联性强的产业，能促进城市功能完善，进一步改善城市环境，提升城市品位，进一步推动经济社会的和谐发展。但是目前，乡村旅游与工业、农业、交通、商贸、金融等产业的融合不足，导致乡村旅游产品层次低，产业融合度低。在发展乡村旅游的过程中忽视了区域间的资源共享和整合，导致同质化现象严重。

（二）乡村旅游产业创意产品的开发模式

1. 观光农场模式

依托优势农业，通过对互动体验、休闲度假、农业观光和研学旅游等功能的拓展，"农业+旅游"产品的开发，进一步带动农副产品深加工、特色餐饮、乡村民宿等相关产业的发展，促进第一产业和第三产业的融合，使第一产业向第二、第三产业进一步延伸。观光农场模式比较适合在具有较大农业产业规模的地方发展，以特色农业的工艺加工、农场风景和参与体验为核心吸引物，深度开发互动体验、休闲度假等乡村旅游产品。在观光农场方面，比较成功的是台湾，比如花露休闲农场，是台湾的花卉主题农场，农场主精心设计打造了农场的庭院景观，环境非常清净优雅，农场内还有梦幻之城，可以帮助游客完成小时候的梦想，房间非常精致，游客躺在床上和沐浴时都可以欣赏到绝美风景。农场内种植的香草和花都可以成为菜肴，比如玫瑰餐、花草茶、养生桂花、茶叶野鸡等。

2. 观光工厂模式

观光工厂是一种全新的旅游经营模式，它的出现改变和创新了传统的旅游产业，是一种横跨第二产业和第三产业的融合产业，也就是工业服务业。

观光工厂的主要旅游吸引物是工人生活工作的现场、产品生产和制作过程、工厂厂区风貌，是通过让游客了解产品的生产工艺而满足游客的各种旅游需求的，是一种集观光、购物、教育等为一体的新兴旅游产品。观光工厂的迅猛发展是经济社会发展到一定阶段的产物，观光工厂为我国的工业转型升级提供了新的思路和空间，为进一步完善旅游产业链条、丰富旅游产品体系开辟了新的领域，对于促进节能减排、创造就业机会、提高工业经济效益、调整经济结构都具有非常重要的现实意义。

三、开发乡村旅游"养生创意"产品

（一）乡村旅游养生产品开发中存在的问题

1. 养生旅游资源缺乏整合

空气、森林、水系及温泉、中草药及天然绿色食材等都是养生旅游资源。但是针对以养生为目的、以提供养生产品及养生休闲体验方式为主的专项养生旅游而言，还没有使养生旅游资源得到有效利用，在一定程度上缺乏系统有效的整合。

2.养生旅游产品仍处在初期阶段

未能打造真正意义上的融合地方养生特色或突显地方养生文化的品牌型产品，养生旅游目的地形象不明显。产品大多停留在简单的温泉和森林等层次上，在养生旅游产品开发过程中，没有真正把传统养生和养生文化融入旅游产品中，乡村旅游养生产品的开发力度和深度还不够，对具有养生功效和融入养生文化的养生旅游产品的开发还处在摸索的阶段。

3.养生旅游配套设施有待完善

由于养生旅游还处在初级阶段，与之相配套的养生住宿、养生特色餐饮、养生商品购物等还不完善。在养生住宿方面，还没有相匹配的专项度假疗养中心、保健养生中心、治疗康复中心等养生场所；在养生特色餐饮方面，现在虽然已有部分绿色养生餐厅投入使用，但是还未形成规模，而且养生体验相对单一；在养生商品购物方面，没有专门研究养生旅游商品的企业或部门，也没有专门出售本土养生商品的旅游纪念品商店。

4.养生旅游产品还没有质量考核标准

国家正在大力推行旅游标准化建设，但是在养生旅游产品方面还没有一套完善的产品和服务质量标准，养生旅游产业的发展受到阻碍。养生旅游产品和服务所起到的养生作用是制定质量考核标准时应考量的因素，主要包括开发养生旅游产品所运用到的各种硬件配套设备、服务配套设施等。目前，我国还没有这样一套考核标准。

（二）乡村旅游养生创意产品的开发模式

1.乡村森林养生创意旅游

针对中老年群体开发静养产品，依托负氧离子充沛、植被丰富、环境优美的森林资源，重点建设有利于身心健康的森林浴场，配合太极、瑜伽、骑行等舒缓型运动和讲座、学堂、养生情景剧等养生文化活动，丰富游客养生体验，以简单自然的方式达到养生目的。森林浴场建设的重点主要包括林中步道、茶歇驿站、水浴场、坐浴场等。林中步道适宜选择曲线，多沿湖、溪、针叶林密集区及观景点布置。茶歇驿站供游客补充食物饮料，配套木制或竹制座椅、排椅等。针对中青年群体开发动养产品，运用森林特有的资源，开发一系列运动强度较大的身心锻炼项目，包括登山、攀岩、徒步、骑行、中国武术、溪降及球类等,让其充分感受生命的活力,体验森林与人的互动,最终达到养生健体的目的。

2. 乡村温泉度假养生创意旅游

依托疗效较好、环境优美、交通便捷的温泉资源,重点开发"温泉＋古法＋中草药循环"的功能温泉,实现康养的中式特色,包括中医养生术、彭祖养生术、经络养生术等,创新推广乡村温泉景区配套活态博物馆"古疗堂",有条件的乡村旅游度假景区配套"中草药生态待环场",以中式养生配合温泉养生获得最佳疗养效果。一方面,通过展示、讲解、演艺等弘扬中华古法养生文化;另一方面,根据温泉水质和景区环境自主开发相应的养生膳食、药浴、中式理疗、保健商品等,打造集健康食宿、养生文化传播、健康运动、健康管理等功能为一体的养生连锁品牌。

3. 禅茶开慧创意旅游

针对城市白领群体、各界精英群体开发禅茶开慧乡村旅游创意产品,依托乡村本土独特的禅茶资源,深化"禅茶一味"的养生理念,通过禅茶耕收课程、茶道课程、禅茶灵修课程、禅茶音乐课程、短期出家课程、佛学院课程等深化游客的养生体验,达到提升素质、开发智力的养生目的。注意外部环境的优化和禅意氛围的营造,并配合主题丰富的禅师论坛、禅乐节、祈福灯会等文化活动。

四、开发乡村旅游"体验创意"产品

(一)乡村旅游体验产品中存在的问题

1. 旅游服务质量和水平不高

体验的质量是旅游产品体验的根本性问题。然而,在乡村旅游体验产品开发过程中,旅游服务质量没有获得有效提升,乡村旅游从业人员没有接受有针对性的系统培训,有知识、有能力、有创意的乡村旅游经营管理人员非常缺乏。在乡村旅游经营过程中,乡村旅游管理人员要么是由当地村干部担任,要么是由农民担任,缺乏专业的旅游管理和服务人才,使得游客对乡村旅游体验产品的评价比较低。

2. 原始印记逐渐消失

乡村旅游体验产品不仅可以让游客观光,还可以让游客了解乡村本土的民俗文化，体验乡村原生态的不一样的生活，体验乡村农事活动的乐趣。但是，随着美丽乡村建设的推进，乡村逐步成为都市的延伸，正一步步地失去原有特色，越来越都市化。现在的乡村正在模仿都市里的建筑风格、日常生活方式，这些都会使乡村旅游失去原来的体验内涵和体验乐趣，从而阻碍乡村旅游体验产品的有效开发。

3. 乡村生态受到破坏

乡村旅游会给乡村带来巨大的经济效益，同时也会给原本落后平静的乡村带来新的困惑与侵扰，尤其是会使一些美丽的原生态环境遭受一定程度的破坏。主要表现在以下几点：在自然风景区里面建高楼大厦，破坏了自然景区的原始风貌；在湿地景区内设烧烤区，违反了国家的有关规定；文物古迹被拆或移动，造成文物古迹被严重毁坏；用没有生机的钢筋水泥、没有特色的酒店代替少数民族原有的特色民族建筑等。

（二）乡村旅游体验产品的开发模式

1. 农事体验模式

一是果树体验。从果树的栽培、摘果、品尝，再到加工果醋、果汁、果酱，每个项目都可以让游客亲自体验。二是农事体验。让游客到田间劳作，游客居住在民居，到农田干活，亲身感受日出而作、日落而息的田园生活。游客可以和农民一起对农田耕种进行体验，可以到田间施肥、种菜、采摘、挖地、捕鱼、捉泥鳅，学做乡村当地的美食。

2. 乡村风光模式

一是摄影写生基地。以田园、果园、森林、古村、古镇为载体，吸引拍摄婚纱、写真等的游客前来采风、拍摄，并让游客将作品留于展示馆，从而勾起游客的兴趣。同时，还可以作为大学生写生基地，吸引大学生前来写生。二是自然风光体验。让游客置身于大自然中，欣赏大自然带来的安静、祥和、亲切、浪漫的气息。三是人文风光体验。深化和挖掘旅游文化内涵，提高游客的参与度和满意度。

第三节　乡村旅游的组织管理形式

一、村域型组织管理形式

（一）发展及特征

在乡村旅游发展的最初阶段，一般是以个体农民经营为主，这种早期"单打独斗"的发展模式，虽然能使个体户的经济利益得到保障，但减弱了居民保护和改善乡村公共区域环境的积极性，这就导致乡村环境出现恶化，基础服务设施逐渐落后。除此之外，农民经营者缺乏管理经验，整体服务水平较低，又由于没有统一的管理规范和标准，诸如农家乐、民宿等产品品质较低。总的来说，"单打独斗""各自为战"的经营方式使得乡村旅游发展的后劲不足，且存在诸多问题。因此，为了改善乡村旅游的发展状况，进一步发挥"合力作战"的集聚效应，确立统一的组织管理形式显得尤为重要。只有通过统一的组织管理，才能有效提升村子的整体发展环境、提高农民的收入水平，从而为乡村旅游的发展营造一个优质的社会和经济环境，逐步达到村民共同富裕、经济快速发展的目的。

通过分析，我们可以大致总结出村域型组织管理形式的主要特征：①乡村旅游已形成一定规模；②有统一的管理组织。

（二）两种形式

乡村旅游的发展经历了从不成熟到成熟的阶段，在这个过程中，旅游产品业态得到升级、乡村旅游发展规模逐渐扩大，组织管理形式也随着乡村旅游的日渐成熟而发生着改变。总的来说，可以概括为两种类型：一是全域型组织管理形式；二是景区型组织管理形式。这两种类型并不完全是并列的关系，也包含着一种演进发展的递进关系。

全域型组织管理形式是乡村旅游发展到一定阶段的产物。为了在已有发展的基础上，更好地促进乡村旅游产业要素的集聚和转型升级，应该逐渐过渡到全域旅游理念指导下的乡村旅游发展阶段，通过对整体乡村旅游发展环境的打造，全面提升乡村旅游的服务水平及区域接待能力。随着乡村旅游的进一步发展，乡村环境和旅游服务设施等都已达到较高水准，这些情况的出现也都要求该类村镇朝着景区型发展方向转变，景区型组织管理形式由此出现，可以视为全域型组织管理形式的升级模式，标准化、规范化、统一化是其主要的管理特征。

由此，乡村旅游的发展又到了一种全新的阶段。从全国乡村旅游发展的情况来看，这一组织管理形式的转变是一般规律，但也不排除特殊情况的存在，各地组织管理形式的选择还需要因地制宜。

（三）发展的关键

1. 做好乡村公共服务设施建设

乡村旅游的发展需要整洁的环境、便利的设施做基础。应积极做好乡村公共服务建设，为乡村旅游的发展创造一个良好的生态环境和社会环境。这样做，一方面能为游客提供舒适、宜人的旅游环境，且能有效改善村民的生活环境；另一方面能为游客提供便捷的服务，从而满足游客的游览需求。

2. 做好规划和引导

我国乡村旅游的发展处于初级阶段，管理者大都缺乏有效的管理经验，旅游规划意识不强，这就容易导致经营无序、乡村旅游产品雷同、产品特色不鲜明等现象。因此，作为乡村旅游的管理主体，一方面要转变传统的思维方式，树立旅游规划的理念，做好乡村旅游的发展规划；另一方面要注重学习先进的管理经验，创新组织管理形式，同时积极引导农民参与乡村旅游的发展，通过不定期的业务培训，提高他们的服务水平和专业素养。

二、景区型组织管理形式

（一）发展及特征

乡村旅游的发展催生了不同类型的旅游产品，如上文提及的农庄、度假村、农园等。多样化的产品虽然丰富了乡村旅游的产品体系，但是随着发展的逐渐深入，也出现了一些问题，主要表现在两个方面。一是缺乏统一的管理标准或规范。我国乡村旅游的发展还不成熟，对于目前存在的产品类型，大都没有统一的发展标准和管理规范，往往各成体系、自成章法，这就容易导致经营混乱，也为管理部门的监管带来了困扰。二是大市场环境下的影响力难以释放。就目前的乡村旅游市场而言，同质化产品竞争激烈，以低价竞争获取经济效益和市场关注的现象频繁出现，这就使得自身的品牌影响被遮掩，难以在市场中树立良好的品牌形象。考虑到这两个主要方面的影响，向景区方向转型往往成为某一类旅游产品发展的最佳选择。采取景区标准化、规范化的管理方式能较好地使某类旅游产品实现标准化管理，同时能在短时间内获得大众的认可，进而实现提升发展层级的目的。

一般而言，大体有三类旅游产品适宜向景区型方向发展。第一类是"村中有景、景中有村"的复合型景区。如山西永济的神潭大峡谷和水峪口村，两者相互依托、相互促进，成了当地的热点旅游景区。第二类是由同类旅游产品集聚而形成的综合型景区。第三类是由具有封闭性的经营实体发展形成的个体型景区，如庄园、农园、度假村等。总的来说，就是在已有的旅游产品形态的基础上通过捆绑或叠加近邻旅游产品的方式，将新的产品打包整合成一个景区，进而通过景区化运营的方式，提升整体的竞争力和影响力。

通过分析，我们可以大致总结出景区型组织管理形式的主要特征：①有标准化的管理方式；②有统一的管理组织；③有明确的管理边界。

（二）发展的关键

1. 聚焦核心卖点

随着乡村旅游开发力度的增强，同类型产品的竞争日渐激烈。因而找准自身资源特色、树立品牌形象往往成为乡村旅游发展的关键。一方面需要梳理自身资源，找到具有竞争力的吸引点，实现乡村旅游产品的差异化发展；另一方面需要以市场为导向，寻找自己的客源目标，打造自己的品牌产品，从而迅速扩大自己的市场影响力。

2. 创新业态和收入模式

发展乡村旅游不仅是发展旅游业的一种重要手段，也是促进新农村建设的一种有效方式。因此，不断创新产品业态，探索新的盈利方式对乡村旅游的发展尤为重要。一方面，结合市场需求和资源特色，开发新的产品类型，满足游客的消费需求，促进乡村型景区的可持续发展；另一方面，丰富旅游供给侧体系，改变单一的收取门票的经营方式，实现从门票经济向产业经济转变，通过多元化的经营方式帮助村民致富。

三、度假区型组织管理形式

（一）发展及特征

度假区是集住宿、餐饮、休闲、娱乐等功能于一体的综合型旅游区。不同于景区型旅游产品，度假区更强调生态环境的打造以及休闲度假功能的植入，也更突出作为一个综合区域的整体发展形态。随着乡村旅游的深入推进，规模化经营的乡村旅游度假区得到发展，国家也提出了旅游度假区的概念和标准，这也为乡村旅游度假区的发展和规范提供了指引。可以说，度假区型的组织管理形式主要是为了突出某一空间范围内的度假资源和功能而形成的。强化度假区型的组织管理形式，可以为现有发展并不成熟的乡村旅游度假区提供管理参考，进一步规范其发展。

通过分析，我们可以大致总结出度假区型组织管理形式的主要特征：①有明确的经营管理主体；②有标准化的管理方法；③有明确的管理界限。

（二）发展的关键

1. 注重度假环境的打造

休闲度假旅游逐渐成为一种趋势。针对这种需求的变化，管理主体要充分保障度假区内部的自然环境、人文环境和心理环境的建设，通过生态景观的营造、主题文化的打造以及安全防护的完善等方面，提高度假区整体的舒适性、康益性和安全性，为游客创造一个良好的度假旅游环境，让度假者真正获得身心的放松。

2. 开发多元化的度假产品

传统度假旅游的主要目的是保健康疗，现代度假旅游的目的则逐渐多元化，延伸出以亲情回归、社会交往、商务会议、消磨闲暇等为主的度假旅游。随着旅游的发展，游客的需求也在不断地发生变化，这就要求度假旅游市场要根据游客的特殊兴趣、爱好、职业、身体状况等设计不同主题的度假产品，如康体疗养、亲子游乐、商务会议、民俗体验类度假产品等，通过打造特色化、主题化的度假产品，增强度假区的竞争优势，满足度假区客源市场的休闲度假需求。作为经营主体，应做到主动了解快速变化的消费市场，不断开拓新的消费市场，激活潜在的消费市场。

四、集聚区型组织管理形式

（一）发展及特征

从空间和区域的角度来看，旅游产业往往是集聚发展的，或集聚于旅游景区，或集聚于景区所依托的中心村镇等。产生这种集聚的原因主要有两个方面：一是由于旅游产业特性的要求；二是由于产业集群产生的外部经济效应。但在形成集聚的过程中，也会导致一些问题出现，如没有统一的管理组织，又如没有统一的公共服务设施规划等。

产业集聚现象往往依托某种资源或产业自发形成，繁杂问题的出现也使得划定区域、统一管理成为必要的管理手段。总体而言，建立乡村旅游集聚区，一方面能实现旅游产业的有效管理，改善市场无序的经营状况；另一方面能有效改善区域内的公共服务设施，为经营者和游客提供便利，营造良好的旅游环境。目前，乡村旅游集聚区暂无国家标准，但地方相关管理部门为规范行业发展，在实际操作过程中出台了相关标准和管理规章。如浙江省湖州市编制了《湖州市乡村旅游集聚区产业发展专项规划》，出台了《关于加快市本级乡村旅游集聚示范区建设的实施意见》，制订了乡村旅游集聚区、示范村、示范农家、示范农庄和乡村民宿的认定标准，促进了全市乡村旅游集聚区的标准化、产业化、品质化、国际化发展。

通过分析，我们可以大致总结出集聚区型组织管理形式的主要特征：①有明显的管理边界；②有专门的管理机构。

（二）发展的类型

通常，乡村旅游集聚区有两种最常见的划分方法：一是按重要程度及占地规模分为国家级、省级和市级乡村旅游集聚区；二是按乡村旅游集聚区占据空间的土地利用属性分为主题型、园区型和行政区型乡村旅游集聚区。

（三）发展的关键

1. 改善区域的发展环境

乡村旅游集聚区的规划，旨在提升管理效率，实现旅游产业的跨区域管理或村域管理。而集聚区整体的发展环境则尤为重要。因此，要重点完善区域发展环境，包括市场环境和服务环境等。要建立统一的管理协调机构，保障各项制度健全有效。同时，完善服务设施以及区域品牌建设，进一步加快集聚区规范化、标准化的发展步伐，提升乡村旅游服务水平及区域性接待能力。

2. 做好整体发展规划

目前，已形成的乡村旅游集聚区存在"小、散、乱"的现象，重复建设、低层次开发、环境破坏现象时有发生，这些情况不仅造成了资源的极大浪费，也使乡村旅游产品的品位较低，影响了乡村旅游的可持续发展。为了改善乡村旅游集聚区的发展现状，加快乡村旅游集聚区规范化、标准化的发展步伐，编制一份具有科学性、规范性、前沿性的旅游发展规划至关重要。要通过编制相关规划来引导乡村旅游集聚区的发展，最终将其建成生态环境优美、旅游产品丰富、基础设施完善、公共服务健全、管理规范有序、百姓富裕幸福的乡村度假目的地。湖州市长兴县"上海村"已经成为"浙江省乡村旅游产业集聚示范区"，成为全国乡村旅游集聚发展的标杆。

第五章 乡村旅游规划与旅游项目设计

乡村旅游在目前的体验经济时代得到了蓬勃的发展。然而乡村旅游项目开发上的不真实使得乡村旅游的体验价值不足,降低了游客的体验满意度。本章分为乡村旅游规划的理论基础、乡村旅游规划的创意与格局、乡村旅游规划的项目设计三部分。主要内容包括区位理论、消费者行为理论、旅游地生命周期理论、景观生态学理论、旅游人类学理论、可持续发展理论等方面。

第一节 乡村旅游规划的理论基础

一、区位理论

区位理论产生于18世纪下半叶,其演进过程大致可以分为三个阶段:思想萌芽时期(18世纪下半叶至19世纪初期)、古典理论时期(19世纪20年代至20世纪40年代)、现代理论时期(20世纪50年代至今)。最初,学者们只是将区位作为生产过程中的一个影响因素在研究中加以关注。真正将区位研究上升到理论层面的是德国的农业经济学家杜能,他在1826年出版的《孤立国对农业和国民经济之关系》一书中对农业生产的空间布局模式进行了研究,并提出了著名的"杜能环"模型。他认为,在利润最人化的目标驱动下,产品种植将形成以城市为圆心的带状分布,即围绕城市构成一系列由近及远的同心圆,距离城市最近的地方运输便利,宜实行集约经营;而距离市场较远的地方宜实行粗放经营。其后,韦伯的工业区位理论、克里斯塔勒的中心地理论、廖什的市场区位理论等都是极具影响力的古典区位理论研究成果。20世纪下半叶,区位理论发展进入空前繁荣时期,相继经历了新古典区位理论阶段、以行为经济学为主的发展阶段、以结构主义为主的发展阶段、以生产方式为主的发展阶段、以非完全竞争市场结构为主的发展阶段,又涌现出佩鲁的增长极理论、松巴特的生长轴理论、陆大道的点轴理论、弗里德曼的核心边缘理论、克鲁格曼的多重均衡理论、波特的区位竞争理论等一大批创新成果。

区位理论从经济主体和区域空间的角度研究了生产的最佳布局与均衡发展问题。区位决定了经济主体与其他主体间的空间关系，而发展能级则决定了该经济主体在区域发展中的地位和作用。区位理论原理指导旅游发展的情况非常普遍，如旅游流距离衰减规律、大都市环城游憩带现象等。区位不单纯是经济活动的空间分布，更重要的是经济发展的空间基础。运用区位理论指导乡村旅游规划，一方面要通过区位因素分析，在既定的条件下为乡村旅游项目选择最佳区位；另一方面还要进行区位创造分析，也就是要创造良好的区位条件。

二、消费者行为理论

人们对于消费者行为的关注由来已久。我国儒家学派的代表人物荀子提出生产要"养人之欲，给人以求"，强调满足人们消费需要的重要性。古希腊哲学家亚里士多德观察到人们各种形式的"闲暇"消费行为，并论述了其对个体和社会产生的影响。尽管如此，关于消费者行为的专门研究，则始于19世纪末20世纪初，美国社会学家凡勃伦在1899年出版的《有闲阶级论》一书中，提出了炫耀性消费及其社会含义。而消费者行为作为一门独立的学科，仅仅有半个多世纪的历史。消费者行为理论又称为效用理论，它研究消费者如何在各种商品和劳务之间分配他们的收入，以达到满足程度的最大化。该理论涉及三个方面的内容，即消费者的决策过程、影响消费者行为的个体与心理因素、影响消费者行为的环境因素。消费者的决策过程包括五个阶段，即问题认识、信息搜集、评价与选择、购买、购后行为。影响消费者行为的个体与心理因素有知觉、学习与记忆、态度、个性、自我概念与生活方式等。这些因素不仅影响和在某种程度上决定消费者的决策行为，而且对外部环境与营销刺激的影响起放大或抑制作用。影响消费者行为的环境因素主要有文化社会阶层、社会群体、家庭、情境、消费者保护等。

旅游者是消费者的一种类型，旅游者行为的研究对象是流动着的或者有流动意向的旅游者个体或群体。旅游者行为是一个集合的名称，它包括出发前的决策、旅途中的体验、旅程后的行为趋向和评价等内容。旅游决策是人们从产生旅游动机到开展旅游行为之间的过渡环节，是指个人根据自己的旅游目的，收集和加工有关的旅游信息，提出并选择旅游方案或旅游计划，并最终将选定的旅游方案或旅游计划付诸实施的过程。与其他决策一样，旅游决策是一个包括从内在的心理活动到外显行为的连续体，可以划分为一系列相关的阶段或步骤。旅游体验是指旅游者通过与外部世界取得联系从而改变其心理水平并调整其心理结构的过程,是旅游者的内在心理活动与旅游客体所呈现的表面形态和深刻含义之间相互交流作用的结果。旅游者结束旅程返回惯常环境之后,一般会在一定时段内对自己的旅游经历进行总结,对旅游体验的质量进行评价,并最终回归到正常生活中的角色。旅游者满意度是衡量旅游体验质量的重要指标,通常用旅游体验与其旅游期望之间的对比关系来测量旅游者的满意度。当旅游体验大于或等于旅游期望时,旅游者都会获得满足感;当旅游体验小于旅游期望时,旅游者就会感到失望。

在消费者行为理论的指导下,乡村旅游在规划的过程中可以针对当前旅游者的消费特点和未来的消费趋势设计出适销对路的乡村旅游产品和线路,满足旅游者的心理需求;同时,也可以针对市场心理特征,设计出引导乡村旅游者消费心理的营销策略,实现乡村旅游目的地的成功推广。

三、旅游地生命周期理论

正如生命有机体依自然规律新陈代谢一样,旅游地的发展也受到客观生命周期的局限。旅游地生命周期理论最早可以追溯到20世纪30年代末吉尔伯特对英格兰内陆与海滨疗养胜地的研究。而克里斯塔勒对一些欧洲旅游地发展历程的研究真正引发了西方学者对旅游地生命周期问题的广泛关注,他观察到旅游地都经历了一个相对一致的演进过程,即发现、成长、衰落。其后的大量实例研究也表明,旅游地基本上都有一个由起步经盛而衰的过程。目前,国内外学者一致公认的经典旅游地生命周期理论是由巴特勒提出的,他将旅游地生命周期分为六个阶段,即探索、起步、发展、稳固、停滞、复兴或衰落,并且引入了"S"形曲线来加以表述。

在探索阶段,只有零散的游客,没有特别的设施,其自然和社会环境未发生大的变化;进入起步阶段,旅游者人数增多,旅游活动变得有组织、有规律,本地居民为旅游者提供一些简陋的膳宿设施,地方政府被迫改善设施与交通状况;到了发展阶段,外来投资骤增,简陋膳宿设施逐渐被规模大的和现代化的设施取代,旅游地自然面貌的改变比较显著;在稳固阶段,游客量持续增加但增长率下降,旅游地功能分区明显,地方经济活动与旅游业紧密相关,常住居民中有的开始对旅游产生反感和不满;到停滞阶段时,旅游地自然和文化的吸引力被"人造设施"代替,旅游地的良好形象已不在,市场量的维持艰难,旅游环境容量超载等相关问题随之而至;最后,旅游地衰落导致当地房地产的转卖率猛然增高,旅游设施也大量消失,最终旅游地将变成名副其实的"旅游贫民宿",另外旅游地也可能采取增加人造景观、开发新的旅游资源等措施,增强旅游地的吸引力从而进入复兴阶段。

旅游地生命周期理论描述了旅游地各个发展阶段的特征,可以作为预测乡村旅游目的地客源市场规模的工具,同时也为乡村旅游规划的调整提供了依据。

四、景观生态学理论

景观生态的概念最早是由德国生物地理学家特罗尔于1939年在利用航空照片研究东非土地利用问题时提出的。

景观生态学是研究景观单元的类型组成、空间格局及其与生态学过程相互作用的综合性学科,其研究对象和内容可概括为景观结构、景观功能和景观动态三个基本方面。景观结构,即景观组成单元的类型、多样性及其空间关系;景观功能,即景观结构与生态学过程的相互作用,或景观结构单元之间的相互作用;景观动态,即指景观在结构和功能方面随时间推移而发生的变化。景观的结构、功能和动态是相互依赖、相互作用的,结构在一定程度上决定功能,而结构的形成和发展又受到功能的影响。在景观生态学的研究中,不仅要重视生态景观的形成和演变、格局与过程等基本问题,而且也不能忽略视觉景观是人类环境感知中的重要内容,是景观功能和价值的有机组成部分,赋有生机、和谐、优美或者奇特的景观,是人类可以直接利用的资源。

斑块、廊道和基质是景观生态学用来解释景观结构的基本模式,普遍运用于各种类型的景观,包括荒漠、森林、农业、草原郊区,景观中任意一点或是落在某一斑块内,或是落在廊道内,或是落在作为背景的基质内。这一模式为比较和判别景观结构、分析结构与功能的关系和改变景观提供了一种通俗、简明和可操作的语言。斑块是外貌或性质上与周围地区有所不同的非线性地表区域。廊道是两边均与本底有显著区别的狭带状土地。基质是景观中分布最广、连续性最大的背景结构,在很大程度上决定着景观的性质,对景观的动态起着主导作用。三者构成了景观生态学的形式基础,并且互相联系和影响。

乡村旅游目的地的景观是由形状、功能存在差异且相互作用的斑块、廊道和基质等景观要素构成的具有高度空间异质性的区域。

五、旅游人类学理论

旅游人类学是融合旅游学与人类学的一门交叉学科,既可被视为人类学在旅游学这一特定研究领域中的深度拓展,又可被认为是旅游学作为边缘学科寻求更为广泛的学科支持与合作的结果。西方人类学界对旅游业的研究肇始于20世纪70年代，其关注的范围涉及礼仪、朝圣、娱乐与休闲以及跨文化探讨等，经过数十年的发展，研究重心已上升到对旅游过程、参与体验、文本虚实以及话语权力等"后现代"问题进行深入探讨的局面。旅游人类学的研究对象是旅游地居民、旅游开发者（投资个人或集体）、旅游者和旅游地团体（当地旅游机构，如旅行社、旅游定点饭店、交通运输部门等）在旅游开发或旅游活动过程中所引起的临时互动关系，这种临时互动关系包括经济的相互影响与文化的相互调适，表现为目标群体之间经济利益的冲突与平衡及文化内质的碰撞与整合。

从经济层面考察，旅游者与旅游地居民的关系主要通过"购物"活动进行连接，旅游者在旅游过程中所希望购买的特色旅游商品的生产者和销售者都是当地居民，于是就建立了一种供求关系；旅游开发者投资建设旅游点，为旅游者提供了"游览"的场所，附属开发的服务设施和参与体验项目也满足了旅游者"娱乐"的需求；旅游地团体提供的"饮食""住宿""交通"服务更是旅游者顺利圆满完成旅游活动的重要保证。在旅游地居民、旅游开发者和旅游地团体之间还分别存在交换、依赖、合作三种经济关系形态。旅游地居民与旅游开发者之间的交换关系主要表现在居民对其活动空间的让渡上，即当地居民牺牲自己的一部分生活空间，让旅游开发者将其开发为旅游活动的公共空间，从而换取一定的经济获益机会和就业机会。旅游地居民与旅游地团体之间则形成了一种相互依赖的经济关系，这些旅游地团体的经营以当地居民为依托，其员工大多从本地雇佣，改变了他们原有的传统生计方式，转而进入旅游服务行业之中。旅游开发者与旅游地团体间是一种互惠共生的经济合作关系，他们在旅游者的旅游活动过程中分别充当着不同方面的职能角色。

从文化层面考察，旅游者出游的一个重要的心理动机就在于对异质文化的求索。但是，具有不同文化背景的人群碰到一起，势必会因为文化的差异而造成误解或冲突。此时，文化就显现出它的适应性特点，人们的文化观念在一定情形下是可以改造或重塑的。旅游者和旅游地居民在生活方式、语言习惯等方面通常带有不同的文化色彩，在旅游过程中，他们之间的接触必然会引起双方文化的互动，这种互动关系有三种情况的外在表现，即文化冲突、文化认同、文化整合。在一般情况下，这些表现与旅游地居民对旅游者的友好态度恰好形成一个映射。文化冲突的产生源于旅游者与旅游地居民仅停留在对自己本位文化"各美其美"的高度。在文化认同阶段，双方已经能够"美人之美"，而文化的整合则达到了"美美与共"的和谐境界。

相对于其他旅游交叉学科，旅游人类学研究更多地体现出对"人"的终极关怀，在协调不同目标群体之间的利益关系方面具有重要的指导作用。其独特的田野工作研究方法对于乡村旅游规划者具有重大意义，它倡导研究者应全身心地投入实践的"田野"中去观察访谈，并对观察结果进行民族志记录以获取关于研究对象的第一手资料。田野工作法的具体流程可分为如下七个部分：初入旅游目的地—文化抵触期—文化适应期—中断阶段—集中精力系统调研阶段—第二次中断—收尾阶段。初到旅游目的地，旅游者与当地居民都会感到好奇并感觉有些不适应；进入文化抵触期后，双方文化的差异所形成的壁垒通常会使研究者的调查工作无从下手；在文化适应期里，经过一段时间的磨合，双方的隔阂与冲突将趋于缓和，并逐步转化为相互之间的认同，此时研究者可以开始潜心观察并记录当地的旅游事象；得到一定的信息和图文资料后，研究者有必要暂时中断田野工作，离开旅游目的地，对前期的工作成果进行总结；当研究者重返旅游目的地时，旅游地居民对他们的信任会进一步加深，这是集中精力进行深入细致调研的阶段；当事先预定的任务完成后，研究者需再次中断观察访谈，回去对所掌握的资料进行全面系统的分析整理；在收尾阶段，除了补充一些遗漏的材料外，还需向旅游地居民友好地表示感谢。

六、可持续发展理论

可持续发展观念的形成源于对当代许多不可持续发展状态的反思，其宗旨则是通过人与自然、人与人的和谐相处为当代和未来的人口谋福利。这意味着，人类社会必须在思想上形成"只有一个地球""人与自然和谐相处""平等发展权利""共建共享""区域间互利互补"等意识，承认世界各地发展的多样性，以体现高效和谐、循环再生、协调有序、运行平稳的良性状态。因此，可持续发展被明确地表述为一种"正向的""有益的"过程，并强调发展的不可逆性、广泛性以及"自然—社会—经济"的复合性。

迄今为止，最具权威性的可持续发展的概念是由挪威前首相布伦特兰夫人提出的。1987年，由她担任主席的联合国世界环境与发展委员会的一份题为《我们共同的未来》的研究报告指出，可持续发展是指既满足当代人的需求，又不对后代人满足自身需求的能力产生威胁的发展。该概念主要强调了两个方面的内容：首先，可持续发展的目的还是要满足人的各种需求，这些需求应放在第一位来加以考虑；其次，可持续发展不能以破坏后代人满足自身需求的能力为代价，要切实做到实现代际平衡。1992年，联合国在巴西里约热内卢召开的"环境与发展大会"通过了以可持续发展为核心的《里约环境与发展宣言》《21世纪议程》等文件。随后，中国政府发布了《中国21世纪人口、资源、环境与发展白皮书》，首次将可持续发展战略纳入我国经济和社会发展的长远规划。

由于可持续发展观着眼于对资源"永续利用"的长远利益，因而很快为人们所接受，并成为对旅游发展进行重新评价的中心议题，"可持续旅游发展"一词也由此而生，其内涵是在保持和增加未来发展机会的同时满足目前游客和旅游地居民的需要。1990年，在加拿大温哥华举行的"90全球可持续发展大会旅游组行动筹划委员会会议"提出了可持续旅游发展的行动战略草案，明确指出其有五大目标：一是增进人们对旅游带来的经济效应和环境效应的理解；二是促进旅游的公平发展；三是改善旅游接待地居民的生活质量；四是为旅游者提供高质量的旅游经历；五是提高旅游地的环境质量。此草案提出的行动战略成为政府旅游部门、非政府机构和旅游者必须遵循的指南和旅游活动贯彻可持续发展思想的行动纲领。1995年，在西班牙加那利群岛的兰沙特岛召开的"可持续发展世界会议"，又通过了《可持续旅游发展宪章》和《可持续旅游发展行动计划》。《可持续旅游发展宪章》指出，旅游作为一种强有力的发展形式，应该积极参与可持续发展战略。这个战略性纲领文件为在技术介入、资金介入和现代生活方式介入条件下的新型大众旅游的发展指明了方向，提供了对旅游活动进行全面管理的指导性方法，揭开了可持续旅游发展的新篇章。

可持续发展理论强调保持人类享受利用资源的公平性，严格控制急功近利、重开发轻保护，甚至只开发不保护的现象，它为乡村旅游规划提供了一种全新的理念，即阶段性开发理念。乡村旅游规划与开发要具备一定的弹性，为未来进一步开发与建设提供空间，实施阶段性和局部性开发，注重经济效益、社会效益和生态效益的结合。

第二节 乡村旅游规划的创意与格局

一、乡村旅游规划的创意

（一）突出"农"字

乡村旅游规划的精髓在于"乡村性"的营造与展示，它以设计具有地域特性的乡村旅游产品为核心，并用各组成要素给予烘托、强化，形成鲜明的主题。

1. 体现农耕文化

传统的农耕文化是通过田园环境与乡村生活氛围展示出来的。

田畴、农舍、篱笆墙、豆秧，窗含新绿，门对鹅塘，明月的清辉、星光的闪烁所构成的"天人合一"的环境；"日出而作，日落而息"的宁静舒缓的生活节奏；插秧、拾穗、割稻、灌园的农耕场面；牧童短笛、鸡犬相闻的生活景象共同构建出一幅传统乡村生活的场景。这也是乡村旅游规划中所体现的农耕文化精髓。

2. 展示农业科技成果

现代乡村向人们展示了先进的生产技术以及以新农作物为主的多姿多彩的产品。如以有组织培养、品种选育、无病毒种苗生产为主的观光农园，它向人们展示了有机蔬菜、立体草莓、玫瑰园和番茄园以及绿色隧道等，令人目不暇接。

3. 强化乡村氛围

种"色彩田"。美学素养较高的种植者会考虑到农作物的色彩。春之麦苗最先给大地带来绿色；金灿灿的油菜花渲染着春的风采；夏季的荷、稻；秋天的荞、葵；桃花红时杨柳吐翠，稻麦黄处绿荫成行。景色之"色"是美景的重要组成部分，"色彩田"如同画在大地上的美丽的图画，农民在种田的同时就可以为游客贡献色彩缤纷的田园风光。

吃"农家饭"。除提供地方饮食外，花卉农园可推出各类花卉食品，如葵花冰激凌，及各种口味的花茶饮品。以香草为主题的餐厅可推出用香草调味制作的薰衣草鸡丁饭、香草冰激凌、香草沙拉、薰衣草饼干及香草茶等主副食品。果园更是开发品尝活动的主要场所。

（二）营造生态

1. 仿生态

仿生态即学习、模仿乡村的自然环境、自然物。如乡村停车场，可设计成"麦秸垛"，使停车场呈现"麦场文化"；可设计成拱顶绿坡，使乡野大地呈现起伏之美；也可荫蔽于豆棚瓜架之下。

在乡村自然景区中，人们常用中国传统的造园方法，体现人与自然的和谐。而在休闲农场或主题农园中，人们则模仿乡村自然物，突出主题。如在台湾的头城农场，原本是一个L型的用水泥打造的养鱼池，规划师运用不同的空间设计手法，创造出石岸、浅池、半岛、小岛、斜坡等不同的游憩空间，还构造出了变形虫造型的多功能水池。石门梨园客栈，原为一方形高台，规划师运用仿生概念，将其设计成了蜂巢型眺望平台。

2. 创生态

创造生态，多利用植物或高科技，如深圳光明农场生态旅馆的设计和北京平谷太阳能新居。

光明农场生态旅馆的设计是为达到健康舒适、环保的目的，运用生态学理论对生态旅馆整体环境进行森林保健旅游区的人工模拟。将树木、花草、山石、水景等自然要素引入生态旅馆内外空间，布置在建筑物周围、大厅、阳台走廊等各个地方。高大葱郁、郁闭度高的湿地松，含有大量对人体有益的挥发物；木兰、华南忍冬、桃金娘、美人蕉等许多植物可分泌出如酒精、有机酸和烯类等挥发性物质，可杀死细菌真菌；紫薇挥发出的芳香类物质能有效地杀死白喉杆菌和痢疾杆菌；夜丁香、九里香的香味可以驱蚊；海桐树可以吸收空气中的氟化物；石榴花能降低空气中的含铅量；柳树、夹竹桃、女贞可以吸收二氧化硫；菊花可以治感冒；花木的香气也可以治疗动脉硬化、气喘和神经衰弱等症状。通过选择这些具有不同生态功能的植物，形成立体绿化，建成具有岭南特色，适合人居住，兼具景观效果和生态效果的森林生态型庭院。

平谷是全国著名的"大桃之乡"和果品生产大区，有"京东绿谷，世外桃源"的美誉。依据发展民俗休闲旅游业的要求，为了对现有村落和农民住房进行统一规划、设计和改造，平谷区首批确定了将军关、玻璃台、挂甲峪和南宅4个试点村。这4个试点村的334户、6万平方米住宅全部采用太阳能供热系统，平谷区致力于将其建成基础设施完善，具备现代生活条件，功能较为齐全，以旅游接待为主的服务型农村。

40多栋新民居造型具有浓郁的民族风格，坡屋顶上太阳能集热器与屋顶完美结合，既美观又节能。屋顶放太阳能主板，地下放一不锈钢热水罐，中间由遍布墙体、房上、地下的散热管联通。考虑到北京冬季的特点和阴雨天等情况，增加了两套太阳能保障系统：电辅助和薪柴保障系统。村民遇到阴雨天，即使不用电，也可以通过专用炉子，将炒菜做饭所散发的热量收集起来与太阳能系统连接，给太阳能热水系统加热，以保障热水供应。另外，在建设上保证水、电、有线电视、网络村村通，全村实现了宽带入户，会议、休闲娱乐设施兼顾，还建设了垃圾焚烧炉和化粪池等，厕所实现了全部水冲的变革，农村居住环境得到进一步优化，家家达到高质量旅游接待的标准。

3. 形成生态链

我国许多地方都开发了基于生态链的休闲农业，尤其是被联合国环境署命名为"全球生态500佳"的浙江奉化滕头村、北京大兴区留民营生态农场等。

但北京市蟹岛度假村是这种发展方式中最典型的农业与旅游结合最紧密的农业园。

北京市蟹岛度假村占地220公顷（3300亩），集种植、养殖、旅游、度假、休闲、生态农业观光为一体，其规划与经营的核心理念是销售绿色，发展旅游业的指导思想是循环经济观，措施是用地热、太阳能和沼气，通过物质能量大循环，基本实现了污染物零排放。

①水循环利用。地下温泉出水温度65℃，先供冬季采暖之用，降温后向客房供应；水温降到20℃就引入鱼塘、蟹池，最后灌溉蔬菜瓜果以及稻田，直至进入水处理系统。2002年，蟹岛建设了一个日处理量为2000立方米的污水处理厂，对园区内的生活污水进行无害化处理并实现资源化循环利用。处理后的水质大部分指标达到一级标准。经过污水处理厂处理后的中水排放到约11.33公顷（170亩）的氧化塘，通过水生植物和微生物的作用，进一步进行生物净化；从氧化塘出来的水经灌溉明渠引入长80米、宽50米的沙床再次进行过滤；沙滤后的水引到农业区，用于灌溉农田、菜地，及养殖鱼和饲养家畜家禽。还在有限的土地上开辟了一片湿地，起到丰富生态多样性的作用。

②物质利用的再循环。用杂粮酿酒，酒糟用来饲养猪、牛、羊等家畜。再将人和畜类的粪便引入化粪池，经过高温发酵、杀菌产生沼气，供做饭、炒菜和照明，沼气废液和残渣引入农田做基肥。

③种养的循环圈。每亩稻田投放600只螃蟹驱除害虫、吃杂草、疏松土壤，代替人工作业，而水稻又能为螃蟹提供良好的生存环境。水稻收割后，稻草制成蔬菜大棚用来保温防冻的草帘；稻谷加工成优质生态大米；稻壳、稻糠酿制成醇酒；酒糟喂猪，猪肉供游客食用，猪粪运到沼气池，采气后成为无毒无菌的有机肥。

蟹岛采用的是"以（农业）园养（旅游）店、以（旅游）店促（农业）园"的经营思想，在布局上则采取"前店后园"的方式，"园"有种植园区、养殖园区、科技园区；"店"有"开饭楼""蟹宫"、综合性大型康乐宫、特色农家小院、仿古农庄"宠物乐园"、海景水上乐园等；还有各类农家民俗表演、农业观光、采摘、自拾生态蛋等项目。

（三）体现乡土文化

乡土文化具有种类多，内涵丰富，地域性强等特点。同一类乡村旅游地在不同的地区其文化形式表现迥异。

日本福井县宫崎村，自古以来制陶业兴盛，是日本六大古窑之一"越前烧"

的发祥地。因而其乡土文化的挖掘主体就是陶文化。从20世纪50年代末期开始，以复兴"越前烧"为目的，日本于1970年创办了"越前烧振兴会"。在全国兴起工艺品热的形势下，在以"土、火焰、绿色"为主题的村民宪章的激励下，日本产生了复兴"越前烧"和扶持场地产业"越前陶器村"的设想：在陶器园、陶器教室、茶园等周围设网球场、农村运动场等娱乐设施，历经17年，宫崎村在全日本树立起了"越前陶器村"的品牌。新开发的"越前陶器村"融"看""做"和"接触"为一体，游客既可以近距离观看陶器制作过程，也可以亲自参与制作，在制作中轻松地享受"茶苑"艺术。每年五月最后一个星期的后两天，宫崎村都要举办"越前陶艺祭"。在国际交流方面，宫崎村确立了接收外国留学生为制陶艺人的制度，宫崎村还特别注重宣传，1988年，广泛邀集各国乐师，举办了盛大的音乐会，以广泛宣传自身。

二、乡村旅游规划格局总体布局

乡村旅游的总体布局，是指在一定的区域范围内，从强化乡村旅游主题出发，对已确定的项目进行合理安排，最终形成科学合理的空间结构，促使乡村旅游活动在空间上循序扩展和乡村旅游经济与社会、环境、文化相协调。

乡村旅游规划中的总体布局分三个层次——宏观布局、中观布局和微观布局。宏观布局，是乡村旅游发展在空间上的总体轮廓和部署，它取决于关键性外部条件、资源、市场、特殊优势等。中观布局，主要确定各乡村旅游区在地域空间内部的配置与部署关系，通过集聚与均布、联结与疏离、优先与兼顾等关系的战略抉择，形成内部结构布局。微观布局，是在具体分析各点的潜力和制约的基础上，研究点与点、点与整体的相关性，使全区各点形成成组布局、整体最优的多维网络结构。

（一）宏观布局案例

1.江苏沿江乡村旅游总体布局

姜雪忠、纪漫云在研究江苏沿江乡村旅游发展时提出，江苏重点围绕三类旅游主体（以国际游客以及在长三角地区工作的外籍人士、高级商务人员和白领等为主要的客源群体，以长三角地区的城市居民等为主要的客源群体，以学生和青少年等为主要的客源群体）打好"生态牌""乡土牌"和"农教牌"。

沿江农业旅游的区域布局为以长江为主线，建设沿江"一圈两区"农业旅游带。

"一圈"，即南京都市农业旅游圈。以南京为中心，包括南京郊县句容、仪征等周边市县。依托富有特色的乡土农业资源，有针对性地进行开发、包装和营销，结合周边农村民俗文化，推出不同季节和时节的乡土气息浓郁的民俗文化节日；开发农产品提供型、农业空间提供型、农耕文化和乡风民俗提供型的产品，吸引市民回归自然；开展沙洲农家乐、森林度假、避暑疗养等活动，形成"春观梅花、夏摘葡萄、秋品螃蟹、冬尝芦蒿"的旅游品牌。

"两区"，即镇扬泰农业旅游区和江海农业旅游区。前者，以长江大桥为纽带，跨长江两岸，涵盖镇江、扬州、泰州三市，发展农渔风光区、森林生态观光区、现代农业示范园、休闲果园、特色蔬菜园、生态茶园等休闲园区，开发种植采摘、休闲健身、科普教育、生产示范、品尝购物等各种旅游休闲活动。在长江南岸，重点发展以南山、宝华山、高资美人谷为重点的森林生态旅游和以世业洲、江心洲、新民洲、雷公岛为重点的长江风情游。在长江北岸，加快开发三江营中华水景园、霍桥生态农业园、高港花卉园艺中心等一批重点项目，形成集古代文化、自然生态和农艺休闲于一体的休闲农业观光产业带。江海农业旅游区涵盖太仓、常熟、张家港、启东、海门、通州、如皋、江阴、武进等市县。在开发上，本区应充分利用毗邻上海、旅游景区集中、农村城镇化水平较高等优势，依托周边的旅游景观及人文资源，集中资金和力量建设一批文化品位高、特色鲜明、科技含量高的现代主题园林和农业观光景点；沿长江水域规划开发以岛屿沙洲度假、森林生态观光休闲、江海渔村民俗游等为主题的休闲度假活动，建成受海内外游客欢迎的休闲度假基地。

2. 湖南乡村旅游总体布局

湖南乡村旅游总体布局分为四大片区：湘西民族文化区、湘北农业渔业区、湘东城市群区、湘南山地区。

（1）湘西民族文化区

湘西是指湖南的张家界、湘西自治州和怀化地区，这里生息繁衍着湖南省主要的少数民族：苗族、土家族和侗族，而且有驰名全国的奇山异水，它们相互配合、相互协调、共同发展。

湘西地区乡村旅游发展以国内旅游者为主，积极发展国际游客。这包括两部分客人：到武陵源参观游览的游客；本身对湘西的少数民族村落文化景观感兴趣的游客。

在产品类型上，以乡村意象为最高层次，可以开发湘西的独特饮食，如桐叶粑、米豆腐等；可以开发湘西少数民族的工艺品，展示制作过程，作为一项学习旅游；请游客参与制作，作为一种参与型旅游；展示少数民族礼仪习俗，或放歌，或跳舞，让游人领略丰富多彩的民族文化。

（2）湘北农业渔业区

湘北是指湖南的常德、益阳和岳阳地区，这一地区地形以平原为主，是湖南省重要的农业耕作区，同时这一地区靠近洞庭湖，河流众多、湖泊密布，也是重要的渔业养殖区。它靠近湘东城市群，交通也比较便利，是开展农业旅游的主要场所。在益阳，农业旅游项目蓬勃发展，赫山区、桃江县、沅江市的"农家乐"成为旅游热点项目，相继开发了"竹乡农家乐""湖乡农家乐""花乡农家乐""渔乡农家乐""樵乡农家乐"等系列"农家乐"旅游产品。在桃江竹乡农家，游客吃的是竹宴，用的是竹家具，观的是竹海，享受着江南竹乡原汁原味的农家风味。在沅江湖乡农家，游客赏的是湖景，吃的是鱼宴，玩的是荡舟撒网垂钓，住的是湖边小楼，游人可尽享江南水乡农家风味。

（3）湘东城市群区

湘东是指湖南的长沙、湘潭、株洲和衡阳地区，该区是湖南省重要的工业基地和商贸中心，人口稠密、城市密布，为本区的乡村旅游提供了大量的客源市场。该地区适合于城市依托型乡村旅游模式，"农家乐"的产品形式比较受欢迎。"农家乐"旅游项目分布在开福区、浏阳市、宁乡市、长沙县等地。

（4）湘南山地区

湘南是指邵阳、永州、郴州及娄底地区，该区在地形上属于南岭山地地区，拥有较丰富的乡村旅游资源，如郴州的五盖山狩猎场、东江湖风景区等。但该地区由于资源分散、交通的可进入性差和本地客源不足，在旅游产品规划开发和客源市场发育上都较为落后。当前乡村旅游应该吸收科技农业示范区这种旅游产品，使得乡村旅游不仅是追忆逝去岁月的方式，也是向广大城乡人民群众介绍新兴农业生产方式和推广农业新成果的舞台。

（二）中观布局案例

中观布局以山东省滨州市乡村旅游布局为例。

滨州一直是山东省的粮棉大市，全市已形成粮油、棉花、畜牧、林果（冬枣、金丝小枣、鸭梨、苹果、蜜桃、水杏、桑等）、水产、蔬菜、食用菌、桑蚕等八大主导产业。滨州市传统文化形式丰富多彩，民俗民风风格独具。博兴县为山东著名地方剧种吕剧的发祥地，惠民县的胡集灯节书会和滨州剪纸艺术闻名全国。还有惠民县的大鼓子秧歌、东路梆子，无棣县的四季拳、渔鼓戏，邹平市的邹平芯子、杨堤焰火、黄山药会等，亦都是远近闻名的文化艺术形式。以上这些均会在一定程度上吸引各方游客，发展观光旅游农业的前景非常广阔。

依据滨州市不同区域的资源优势和产业特色，按照点、线、园、区相结合，功能配套齐全的基本思路，发展观光旅游农业。以一个中心，总揽一山一水一河一滩三长廊，带动总体发展，构筑起全市观光旅游农业布局框架。

一个中心，就是强化滨州农业大市这个中心的整体功能，发挥其辐射带动作用。市区内，突出碧水、绿地、蓝天的城市特色，在绿化、美化、净化上下功夫；在城郊接合部开挖环城人工河，在人工河两岸植树种草，形成环城绿化风光带；发挥近郊农业的优势，加大科技投入，把近郊农业逐渐发展成集休闲、观光、体验、娱乐为一体的城市农业。

一山，即邹平鹤伴山国家级森林公园。以山为媒，以鹤伴山公园景区、景点建设为基础，带动这一区域观光旅游农业的发展。

一水，即博兴麻大湖。以湖兴业，以开发自然风光为主题，带动县域观光旅游农业的发展。

一河，即黄河。以河兴滨，在黄河两岸及引黄灌区植树种草，逐步形成可供观赏的绿色风景带及生态长廊；在引黄灌区利用水利条件较好的优势开发建设可供观赏的优质农业区、高科技示范园、蔬菜园、林果园和水产养殖场，把引黄灌区建成特色农业基地。

一滩，即滨州沿海滩涂。以滩引游，滨州海岸线长达 238.9 千米。以沾化温泉度假村为核心，开发建设现代休闲娱乐区，以无棣沿海滩涂及岛屿为基础开发建设海洋生态农业、观光旅游基地。

三长廊，即 205 国道、220 国道和庆淄路。205 国道、220 国道和庆淄路是滨州国民经济的主动脉，是连接市区内外的纽带，也是观光旅游农业的主干线。通过大力发展特色农业及观光农业，把主干线建设成特色农业通道、绿色农业通道和生态观光农业长廊。

（三）微观布局案例

1. 深圳光明农场农科大观园

深圳光明农场农科大观园位于深圳市西北部，总面积 55.8 平方千米，拥有 31 平方千米的森林，上万亩果园和大面积的牧草、蔬菜园地，离广深高速公路 3 千米，到福永码头 12 千米。园内有现代化奶牛示范场（可了解现代化奶牛生产的全过程），还建有生态酒店、滑草场及滑车场、钓鱼场等各种休闲度假设施。

园内活动内容的规划，突出"人无我有，人有我特，人特我精"的原则，主要体现"示范推广、市场供应、科普教育、生态休闲"四大功能，形成了观、玩、吃、购、住一条龙服务体系。为此，园区主要规划了农耕文化园、精制农业园、无公害蔬菜园、有机蔬菜实验园、水栽培种植园、现代化温室蔬果生产园、农产品开发克隆中心、昆虫世界馆、特种珍禽养殖场、蚕桑基地、宝岛精品果园、万果采摘园、名优水果展览园、华南珍稀植物园、樱桃观光园、市民农庄等。

为合理布局上述项目，该园区分为七个功能区：动物养殖、果树种植观赏、居住休闲区、花卉桑蚕区、高科技农业展示区、户外运动区和购物区。园区还构建了四个旅游区：种植区，它包括太空茄子种植区、各种瓜果区等以观光为主的景区；养殖区，包括大宝鸽场、鱼塘、花果场、高科技胚胎工程展示区、奇异的珍稀动物展示厅；博物馆、农具展示区，主要展示不同时期的农具、农产品、耕作模式；度假区，以生态酒店为主建筑，包括附近的被保护植物区及休闲娱乐设施。

通过规划建设，数万亩人工草地让游人有身临绿海的感觉；分布在数十个饲养点的上万头奶牛，全封闭的厂房、全自动的生产线，让游人大开眼界；万亩荔枝园，春天让游人沐浴花香，夏天让游人品尝鲜果。

2. 北京世界名梨大观园、葡萄大观园

两园区皆以生态性、经济性、参与性和文化性为规划原则，以"梨"或"葡萄"为线索，以京味文化为内涵，以科普求知、观光采摘、休闲娱乐、餐饮会议为载体，通过中国古典园林的造园手法与现代设计手法相结合的园林形式，展现梨、葡萄的种质资源、栽培知识、品系分类等，创造出简洁、质朴、美观、实用的园林景观。

世界名梨大观园主要以园内现有的苗圃办公楼地区和5个种植区为基础，全园规划布局可以归纳为"一轴九区"的结构。"一轴"：东西长800米的贯穿几个种植区的一条景观大道。"九区"：综合服务区、梨文化展示区、沙梨品种展示区、西洋梨品种展示区、白梨品种展示区、新品种引种试验示范区、秋子梨品种展示区、休闲游憩区和果品储藏区。

葡萄大观园是以展示葡萄品种、葡萄栽植、葡萄文化为主体的园林式旅游观光园。全园共分入口区、服务接待区、科普展示区、特色品种展示区、精品展示区、种植体验区、休闲娱乐区、种植采摘区和引种区。

入口区的青藤居是出售一些与葡萄有关的字画及其他旅游产品的场所。服务接待区的葛荫居以展示盆栽葡萄为主。科普展示区的秋爽斋是举办中秋葡萄节的场所。特色品种展示区是葡萄架式的大观园，园内的丽晶苑是露天茶座休息地及葡萄品尝地。精品展示区以花岗岩巨石为载体，以人物浮雕造型为表现对象，并与精品葡萄相联系展现葡萄的玲珑多姿。种植体验区除了栽培葡萄以外，还栽培各种蔬菜、瓜果、浆果、果树，游客可体验蔬菜的种植和采摘。休闲娱乐区的葡萄酒坊，设置有酒坊、酒窖、茶室、酒店、饭店。游客可以亲身体验现场制作葡萄酒与葡萄汁。种植采摘区是果园的基本用地，按葡萄果粒的颜色及成熟的早晚做了详细的划分。引种区，用于引进和驯化国内外优良的葡萄品种。

第三节 乡村旅游规划的项目设计

一、村寨旅游项目规划设计

村寨是乡村旅游的重要载体，而拥有独特自然环境、原生民族文化的自然村落更是乡村旅游的首选地。由于这类村落长期远离现代文明的影响，原生态文化得以传承至今，是人类发展中宝贵的文化遗产，也是脆弱性强的弱势文化，易于受到外来文化的冲击而弱化或消失而失去吸引力。保护、传承、展示与发展成为这类乡村旅游地规划与开发的核心词。

旅游村寨的开发与规划可以针对独立的村寨，也可以涵盖整个自然村，其设计内容包括民居建筑、历史遗存、生产方式、生活习俗、文化艺术、宗教信仰与旅游线路等。开发规划的优势在于特有的自然生态环境和与环境相适生的原生态的文化，而规划的难点是：如何把握"适度开发"的准则；如何协调政府、旅游开发商与村民之间的利益关系，使社区整体受益，特别是使弱势群体受益；如何使自然生态与民族文化的保护与开发成为村民的自觉行动；如何创造对游客具有强大吸引力的特色旅游产品等。

以下我们通过案例来说明。

（一）贵州贵阳高坡

高坡位于贵州省贵阳市东南隅，距花溪区和贵阳市政府所在地分别为31千米和50千米，南连惠水县，东北接龙里县民主乡，西邻花溪区黔陶乡。

1. 旅游资源特色

将喀斯特高原台地草原、喀斯特峡谷自然风光与民族风情作为其旅游资源与旅游业的总体形象。区内有溶洞、天坑、漏斗、竖井、峡谷和峰丛等多种喀斯特地貌类型。气候特点是雾多、风大，夏季凉爽。灾害性天气有倒春寒、秋风和凝冻等。南端的甲定一带气候温暖，有高坡"小江南"之称。高坡云顶和龙里草场是夏季避暑和城郊休闲旅游胜地。

高坡居住着汉、苗、布依等民族，部分苗族服饰以白色为主，旧称"白苗"，"射背牌"习俗为高坡苗族的一大特色。高坡是民族风情浓郁、田园风光秀丽的旅游之乡，田园风光、万亩草场、民族节日是该地的核心吸引物。

主要的旅游资源有高坡红岩大峡谷、石林、笔架山、蛤蟆洞、摆弓岩瀑布、云顶草场；高坡红军标语、灵应寺、天主教堂；甲定苗族洞葬、苗族服饰及其节庆活动等。

总之，高坡旅游资源搭配较好；民风淳朴，具有良好的社会文化氛围；而且地处贵阳市大客源市场的边缘地带，具有良好的近程客源市场优势。

2. 市场定位

市场定位是旅游市场中成熟的旅游者和有特殊兴趣的旅游者，特别是东南亚和欧美市场。国内市场主要为以北京为中心的环渤海区、以上海为中心的长江三角洲区、以广州为中心的珠江三角洲区等东部及东南部沿海的发达地区市场，以贵阳市、遵义市红花岗区、都匀市、凯里市为中心的省内核心市场区，以重庆、四川、云南为主的近距离市场区。

3. 主题形象

旅游形象可以定位为"云顶苗寨，高原歌乡"。

4. 产品定位

突出"草原风光，民族风情"的特点。高坡民族乡以独特的生产方式、民族节日、云顶万亩草场为特色。

功能分区：云顶—摆龙片区——开发"高原风"系列旅游，开展节庆旅游，并有计划地对选定的农户住房进行内部改造，建成家庭旅馆。云顶草场外围建立旅游度假村。红岩大峡谷片区——开展喀斯特峡谷观光探险旅游。

另外，在岥林进行芦笙生产；在摆龙发展民间竹编工艺品；在平寨等民族村寨开展斗牛、节庆活动、民族服饰手工制作等民族文化体验旅游。

产品设计：围绕该旅游区的产品定位，在体现"高原风、民族情"这两个主题的前提下，其乡村旅游项目的建设应从以下几个方面来考虑。

①建设观光型与引水实用型的风车，在条件允许的情况下，建立贵州首座风车博物馆；开展高原台地风筝比赛；成立滑翔伞协会，定期举办滑翔伞比赛；设置风向标，建立高原台地小型气象站，开展青少年科普教育；建立不同规格的高原高尔夫球练习场。

②以高坡苗族风情为重点，深入挖掘苗族背牌文化、服饰文化、建筑文化、饮食文化等。通过"跳洞"活动、"花园"活动、"炕骨苗"的悬棺、洞葬、

当地苗族地名根词"摆"（如摆桑、摆笼、摆如）的展示等，体现高坡苗族文化的内涵；开展"四月八""祭祖节""跳洞节"等节庆活动；定期举办斗牛、斗鸟、射背牌活动。

③在人类学专家的指导下，有计划地对农户住房进行内部改造，建成家庭旅馆，为游客度假提供相应的设备。

④云顶草场也应围绕"喀斯特高原台地草原娱乐休闲园"的主题，进一步开发草原娱乐与休闲项目，如滑草、骑射等。

5.建设项目

（1）民族村寨

民族村寨建设主要包括外部环境和内部环境的建设。在村寨外部环境方面，村寨建筑设施和其他设施应与周边环境相协调；在内部环境方面，主要是村寨的卫生建设。对民族村寨进行有计划的厕所改造，建立排污系统，加强村寨的绿化建设，人畜应分居，并且组织村民定期打扫村寨等。

（2）乡村旅舍

在接待游客的村寨选择有特色的农屋改造为乡村旅舍，房屋外部可以保持原状，但其内部必须按卫生标准和游客需要进行适当的改造，前提条件也必须是与整个民族村寨的大环境相适应。

（3）基地建设

结合高坡乡的各种优势，建立与乡村旅游密切相关的基地，如奶牛观光基地、良种猪生态养殖观光基地、反季节蔬菜种植观光基地、特优果树种植观光基地。

（二）贵州贵阳康寨村

康寨村位于贵州省贵阳市花溪区麦坪乡东部，距花溪17千米，距贵阳25千米，距清镇市红枫湖风景区25千米，距天河潭风景区4千米。

1.**资源特色**

麦坪乡康寨村拥有十分优美的生态环境，环村郁郁葱葱的森林是贵阳市的生命之源——阿哈水库的重要水源涵养林，绵延十里的杜鹃、野蔷薇和油茶等野花春夏时节组成了绚丽的花之海洋；民居多用就地取材的石板而建，每户房宅前都有30~80平方米的石板晒坝，外用石块垒起围墙，成为一座座整齐、美观的庭园，室内地面多用石板铺成，环境整洁、舒适。过街楼等布依族民居建筑保存得较为完整。铃铛舞、芦笙舞等少数民族歌舞和十里杜鹃、古树白鹭、暗河龙滩，组成了迥异他处的乡村旅游景观。

康寨布依族村建寨于明代，至今已有600多年历史，居住在这里的布依先民们，传承了古夜郎文化和元、明、清三朝土司文化，这些文化都融入神奇的布摩文化当中，影响着一代代布依族人的生活方式、劳动方式、社交方式、祭祀方式、娱乐方式，透露出悠久的独特文化神韵。

2. 市场定位

贵阳市区及周边城镇的居民；贵阳市过境旅游市场；省内其他地区和贵州省周边省区。

3. 品牌形象

贵州布依族布摩文化第一村。

4. 结构设计

总体结构上，以圈层式和组团式相结合的空间结构组织周边地区，以公路和主干道架构多层次的道路网络，形成以森林为背景，以乡村田园为主体的总体空间布局。创造土地利用高效，自然生态景观与乡村景观相融合的景观结构；形成交通便捷、设施先进的新乡村旅游地和休闲、度假、观光胜地，打造成全省知名的旅游品牌。

5. 体验性活动

做农事、吃农家饭、采摘农产品、住石头房、画簸箕画、参与布摩表演、进行户外体育健身活动。

6. 节事活动

举办布依武术节、布依民族工艺品节、山地自行车比赛等。

7. 功能分区

设主入口区、布依风情度假区、布依族布摩文化观光游览区、生态养殖业示范区、生态果园游览区、森林保育区及贵州户外活动中心和十里花海区（十里花山和观音湖）七个功能区。

（1）主入口区

主入口大门以高5米、宽3米、长8米的布依布摩文化图案为特色，以石雕柱为造型，大门建在浪风关草坪之上，面向蜿蜒的公路，周边种植红、黄、绿三色灌木；游客服务中心，占地150平方米，布依民居风格，二层为全木结构，层高8米，内装饰采用现代防火板材。

（2）布依风情度假区

设置直径 20 米的半圆形赛歌台，赛歌台前是 1000 平方米的月牙形风情广场；8 根 8 米高布依族文化雕塑圆柱（图腾柱）围绕月牙广场，一条小溪环绕赛歌台和小广场；全竹接待用房 200 平方米，中型会议厅 200 平方米，餐厅 400 平方米；多功能大厅 250 平方米；有 20 幢单体生态小别墅，每幢为 45 平方米；有 3 米宽、8 米长的休闲长廊一座。

（3）布依族布摩文化观光游览区

在保护好古老民居的基础上，以石基、木柱、木板墙、青瓦的民房、过街楼，形成布依老村寨格调；组建一支布依布摩民族歌舞演唱队，传承布摩文化，如布摩经文音乐、地戏、跳花灯和布摩神戏等；组建一支布依族武术队，发扬布依传统武术。在饮食上，要具有独特的康寨布依村饮食文化系列，主食以当地的土红米、苞谷饭、花糯米饭为主。在菜肴上，要推出红色辣椒宴、豆制品宴、野菜宴（当地的水星菜、剪刀菜、水芹菜、野苋菜、竹笋、地米菜、折耳根、灰灰菜、香椿、刺苔菜、红星星菜、野韭菜、苦蒜和狗地芽等）、四盘八碗的贵客宴和布依凉菜（烤豆腐果、油炸米花、粑粑果）等。

（4）生态养殖业示范区

以沼气生态农业技术为核心，建设养猪和养鸡示范基地；建立 50 万只以上规模的家禽养殖场；修筑具有布依族风格的"九子连环塘"。

（5）生态果园游览区

康寨村果园分梨旅游区和布朗李旅游区，鑫凤清公司果园分蟠桃园区、水蜜桃园区、梨园区、樱桃园区、布朗李园区、新品种试验区及温室大棚区，园内设置有观光步道、休闲楼、观光长廊、观光亭等。

（6）森林保育区及贵州户外活动中心

结合贵阳市第二环城林带造林工程，在康寨村周围的荒山上进行"近自然森林"示范建设，开展山地自行车运动和其他户外体育健身活动。

（7）十里花海（十里花山和观音湖）区

给山坡上的大量油茶树嫁接茶花，种植多品种的杜鹃花，保留金樱子、刺藜、野蔷薇等野花，使之成为十里花海景区，并在区内修建旅游步道、观景亭、座椅等。

8. 市场宣传口号

贵州布依族布摩文化第一村，户外活动的最佳山林；绿色家园，避暑胜地。

9. 开发模式

以康寨村的现有自然条件、区位优势及民俗文化为依托，采取"公司＋基地＋农户"的模式，大力发展生态观光农业，促进本村农业产业结构的调整和生态环境的保护；将康寨建成一个休闲、度假、观光胜地。

(三) 贵州贵阳大地村

小碧乡大地村位于贵州省贵阳市东南面，距花溪区小碧乡12千米。该村旅游区与小碧镇有公路相连，且公路将改造为4级油路。

1. 资源特色

大地村位于小碧乡的南部，是一个少数民族聚居的村寨。全村有7个村民组，337户，共1459人。少数民族占总人口的98%，其中苗族占60%，布依族占38%。居民以农业生产为主，有20户村民兼养肉用牛。村内除有大量田土外，还有大面积的果园、草地，人均年收入2242元。村内有42户人家安装了沼气池。该村自然旅游资源和人文旅游资源都较丰富，以布依族和苗族文化为主，并与"是春谷"历史文化共同构建了大地村乡村旅游区的历史文化内涵。村寨范围内有全省重点文物春谷摩崖石刻、省内外知名的兰花基地和就地取材修建的少数民族石板民居，有铃铛舞、芦笙舞等少数民族歌舞，有郁郁葱葱的环村森林等，可建成一个融少数民族乡村旅游、农业观光、民族文化观光及历史文化寻幽访古为一体的、独具活力的民族村寨旅游区。

2. 市场定位

贵阳市区及周边城镇的居民；贵阳市过境旅游市场；省内其他地区和贵州省周边省区。

3. 品牌形象

贵州兰花第一村。

4. 产品定位

建成一个以乡村休闲娱乐、兰花花卉观赏和历史文化展示为特色的，以民族风情体验为主要功能的乡村旅游地。

5. 结构设计

突出"三是"和"三境"。"三是"指大地民族村的是春谷、是春湖和是春草堂；"三境"是指以青山绿水为基础的自然生态意境，以布依族、苗族为依托的民俗意境以及以游乐休闲为特色的农家人居意境。

6. 体验性活动

农事活动、水果采摘体验、种植兰花、书画习作、野营、垂钓。

7. 功能分区

设乡村旅游区、古文化游览区、农业观光区、野餐野营区和生态保育区五个功能区。

(1) 乡村旅游区

大地村共有337户人家,仅种兰花的人家就有200户,占全村户数的59.3%,其中的第五村民组翁昭村户户都有种兰花的习惯,可打造成为"贵州兰花第一村"。进入村寨处的民居石板房与道路间的洼地,可建成约1333平方米的荷花池,池的东面建"是春草堂",草堂为两层木楼房,房顶盖草,楼上建观景阳台。第一层分为幽谷、墨香、知春、碧绿四厅,陈列大地村采集的各种不同品种的兰花;陈列是春谷的历史资料和有关是春谷的画卷、书法及兰花的相关资料;陈列国内外有关兰花的品种介绍及标本;陈列大地村人培育兰花的成绩和经验。第二层分为瞰碧、岚翠、饮绿、谐趣四厅,瞰碧厅用于观赏水面景色及田园风光,陈列与兰花有关的艺术品;岚翠厅是大地村人销售兰花及相关产品的场所;饮绿厅是游客休息饮茶探讨兰花的场所;谐趣厅是精品兰花的展示厅。是春草堂北面,沿湖堤建观景长廊。将湖面以南村寨入口处的村民谢树林、谢树繁以及寨中的谢生全家改造为乡村旅舍,将谢树林家原有的场地,改建为小车停车场。在寨内修建一个歌舞表演场;扶持10户左右的农民,建设乡村旅馆;修建由大地村通往是春谷的人行天桥;建双星塘,面积为666平方米,供游人垂钓及观赏水景造型,周边植物以各种竹子为主。

(2) 古文化游览区

主要包括美学和科学价值较高的是春谷、是春湖等景点。是春谷摩崖坐落在大地村大地寨的青山(俗称"黑坡")山麓。保护是春谷摩崖,恢复"洗心泉";修建跨越铁路的人行天桥。

(3) 农业观光区

在保持现有果园规模的基础上,促进种植业、养殖业结构的优化,并在小碧乡到大地村之间公路的两边开展参与性农业观光旅游项目以吸引城市居民;在农业观光区周围等处植造风景林和经济林。建设项目包括观光农业园和自摘果园。

(4) 野餐野营区

为适应游客周末郊游远足和享受山野风味的需求,设立野餐野营区,提供相关器材和设施，满足游客回归自然的愿望，让其获得高品质的旅游感受。开发野营踏青旅游，主要针对自驾车的旅游者。建设项目包括营地绿化、营地建设、生态游道和野餐服务处。

（5）生态保育区

在大地村周边森林区，采取封育措施，使其周边的植被和生态环境免遭旅游活动的干扰。

8. 开发模式

以布依族石板民居建筑和民族风情、是春谷摩崖和历史文化，以及兰花种植为特色，采用"农民协会＋村民"的开发经营模式，增强村民参与旅游开发的积极性，促进社区社会、经济和环境可持续发展。

（四）云南丽江三元村

1. 开发优势突出

从区位看，贵峰三元村距丽江古镇 12 千米，正处于昆明至丽江的必经之路上。从资源特色看，全村全系纳西族居住民，世代以农耕为业，保留着传统古风古俗，是"纳西族东巴文化传承的经典之地"，也是古人类发祥地之一。

三元村，至今依然保持着浓郁的原创性东巴文化传统，不仅民居建筑全系古朴的纳西族式结构，而且村中有祭天场、祭暑场等祭祀场所，还有东巴大师，近年又培养了一批新一代的东巴经师，村民们的生产生活，依然遵循着古老的纳西族传统。这里的东巴文化流传，可以上溯至元代至正二年（1342 年）。村中每个氏族（现为宗族）均有自己的祭天制度和祭祀活动，且实行轮值制。

1954 年和 1963 年，先后在三元村西漾西木家发现古人类股骨化石和头骨化石。据专家鉴定，为旧石器智人时代晚期，有 5～10 万年的历史，是古人类发祥地之一。

2. 开发原则

坚持保护至上，保持优秀的民族文化传统，使有形资源与无形资源一体化，保持"形"与"神"兼备而不分离；坚持分流丽江客流的方针；坚持观光与体验相结合，使旅游者获得多重体验；坚持民族性和原创性，使游人体验旅游产品的真实性。

3. 产品设计

（1）原创乡村文化之旅

三元村依山傍水，为典型的纳西族村寨，农村建筑古朴，恰似一幅天人合一的山水画卷。村寨距公路不足一千米，游客可步入村寨，感受自然山水之美和观看纳西族村民劳作的场景。

（2）氏族祭祀仪式观赏游

纳西族全民信奉东巴教，人人遵守东巴教义教规。全年的祭祀活动数以十计，尤其一些大型祭祀活动，规模大，礼仪多，祭祀隆重（如祭天大典等），可以让游客感受纳西族的自然崇拜和祖先崇拜的神秘性。

（3）纳西文化与象形文字研习游

纳西文化有其独特的神韵，其音乐、舞蹈、美术、绘画、礼仪别具一格，足以引发旅游者的浓厚兴趣，特别是东巴象形文字别具神韵，有很高的观赏性和收藏性。应把研习东巴象形文字，作为新的高端旅游项目，一定有广阔前景。通过研习之旅，帮助每个旅游者将其简历、游程、观感用几百个东巴象形文字表达，并加盖世界文化遗产地纪念印记，加以精裱，既能弘扬纳西文化，又是一份珍贵的旅游纪念品。

（4）纳西"农家乐"

选择若干家纳西村民之家，经过一定的培训和建设，开展纳西族式的"吃农家饭、住农家屋、干农家活、摘农家果、享受农家乐"的乡村旅游。以恬静、优美的田园风光为基础，吸引游人和纳西族村民同吃住、同劳动、同娱乐，体验纳西族人民的生活生产场景，感受纯朴的原创民族文化。

（5）参与当地居民的歌舞打跳

纳西族是一个能歌善舞的民族。纳西歌舞的特点是边唱边舞，以唱促舞，以舞助唱，人数、地点和场合不受限制，易形成欢歌笑语的场景。

（五）新疆喀纳斯禾木图瓦村

禾木图瓦村地处新疆阿勒泰的山间小盆地，是禾木喀纳斯乡的一个自然村，也是乡政府所在地。本村是目前图瓦人聚居区中最完整、最优美、最原始的村落。小木屋和雪峰、森林、草地与成群结队的牧群，相映成趣，构成了独特的自然与民族文化景观。该村现有村民257户，共1141人，以蒙古族图瓦人为主，占总人口数的85%，其他住户以哈萨克族为主。

1. 资源优势

图瓦文化具有历史起源的神秘性，人口稀少、民族同化的濒危性，宗教信仰的原始性和生活习俗的独特性。

图瓦人是一个被人们渐渐遗忘的民族。目前，有关图瓦人的历史记载和研究还很缺乏，关于喀纳斯图瓦人的历史渊源，至今仍是个谜。

新疆喀纳斯是图瓦人在我国唯一的聚集地，人口约 2000 人。在生活习俗等方面与蒙古族、哈萨克族有很大相似性。

图瓦人使用图瓦语，属于阿尔泰语系突厥语族。在节庆习俗方面，图瓦人除欢度敖包节外，还有当地的邹鲁节、汉族人的春节与元宵节。图瓦人世代以放牧和狩猎为生，久居山林地带，故又被称为"云间部落""林中百姓"。为适应山区多雨多雪的环境，他们住在以原木堆砌而成的"人"字形尖顶木楞屋里，用动物毛皮制成的滑雪板滑雪或乘马拉爬犁。图瓦人视羊为上天之赐，使用名为"苏尔"的口笛乐器。

2. 区位优势

依托喀纳斯国家级自然保护区。

3. 规划理念

以喀纳斯旅游景区为依托，以原始村落保护为前提，遵循世界遗产准则及"完整性与真实性"的指导思想，以"保景富民，共同富裕"为开发宗旨，展示"原风原貌图瓦村，原汁原味图瓦人"，将禾木图瓦村建成"中国生态文化博物馆"。

4. 保护与开发重点

保护重点：禾木村原生态的自然环境和图瓦人古朴的民俗文化。

开发重点如下。

①村落除了必要的基础设施建设外，基本不做人造景观，只在部分区域进行少量修复性建设；改造原有外侵式建筑的外形，使之与原始村落建筑风格一致，对愿意拆除不和谐建筑的村民予以补偿；在村口外修停车场，机动车辆禁止入村，游客通过步行、骑马或坐勒勒车进村。在村落以外不影响村落的视觉景观的适当区域建旅游接待服务区，将游客住宿生活区从现在的居民家中迁出，从根本上保证村落的完整性。

②全面挖掘和充分展现图瓦历史文化的内涵。选取一些典型民居，建立图瓦民俗博物馆，全面展示图瓦历史文化；适度再现图瓦人的部分生活场景，如放牧、狩猎、务农、捕鱼、手工制作、采集千米等，使之成为少数民族生产劳动、日常生活和民俗展示基地；恢复和再现部分已经趋于消失的民俗活动，开展游客参与性强的赛马、射箭、杀牲、祭祀等民俗活动。

③建立特色的接待服务体系。在村落中选择部分牧民家庭，进行适度包装、改造，形成一套具有浓郁的图瓦民俗特色的旅游接待服务系统。深入挖掘图瓦传统饮食，以列巴、烤饼、风干鱼（肉）、马奶酒为主，配以野菜山珍、蜂蜜、野草药等，隆重推出图瓦特色大餐。开发图瓦人用于狩猎、捕鱼的生产劳动工

具,如鞍具、弓箭、弹石器、刀、斧、锤等,将其打造成为旅游商品。

④注重提高村民收益。鼓励村民采取各种方式积极参与节庆文艺表演、马匹租赁业务、餐饮买卖等,加强针对村民的技能和素质培训。

(六)北京市怀柔区官地村

在乡村旅游的发展中,原有不和谐及陈旧的村寨设施明显地制约了乡村旅游的发展,谭伟在《旧村改造与乡村民俗旅游的契合——北京市怀柔区官地村改造述略》中,针对官地村的实际,提出了以发展乡村民俗旅游为目的的旧村改造措施。

官地村位于北京市怀柔区雁栖镇东北部,坐落在长城脚下、雁栖河中上游,距离北京市区约1.5小时车程,南距怀柔区111千米,与雁栖湖、慕田峪、红螺寺、喇叭沟门林区等景点相连,地理位置十分优越。官地村被誉为"京郊民俗旅游第一村"。

随着社会经济的发展,官地村虽然还保留有大量原生状态的传统民居,但大部分需要及时修缮,老建筑内普遍设施落后、采光条件差;村落内基础设施、公共卫生设施较差。另外,村落还受到新的、几乎是城市型的聚落结构和建筑形式的不断侵蚀,严重损害了村落发展的历史脉络,而自发式经营模式导致趋同化,缺乏特色。

1. 乡村民俗旅游开发目标

在"保护古村风貌,整治历史环境,改善生活条件,促进旅游发展"的规划思想指导下,保护现有的村落格局,开发古村特色,加强古建筑的维修,改善基础设施,充分挖掘村落的文化内涵、景观资源和潜在优势,促进旅游业的发展,把官地村建设成以乡土生态环境为主的体验型旅游度假村落。

2. 旧村改造的原则

开发与保护相结合的原则,独特性原则,以市场为导向、以资源为基础原则,经济效益、社会效益、环境效益相统一原则,整体开发原则。

3. 旧村改造措施

(1)总体规划改造

改造的内容包括节点(人们感觉和识别古村空间的重要参照物)、轴线(主要道路及古村的聚落边界)、区域部分(地段或街区)以及它们相互间的有机关系所共同构成的古村整体景观特色。在保留原有道路的基础上,向沿河方向扩出1.5米作为人行道,做到人车分流,同时也使会车有了足够的空间;在机动车道上增加减速带及人行横道,保证行人的安全,材料采用石材、灰砖等,突出地方性。沿河方向设置一些悬挑的茶肆、酒肆等,丰富道路景观,同时为游人提供休息、观赏的空间。

停车采用分散式,不设大型的停车场,而设置多个小型停车点,做到化整为零,使得停车自然地融入村落格局中。

(2)民居改造

突出原有的乡土气息,其尺度、规模、地基形式模仿原有的村落,利用地方材料,对于老房子采取保护、修缮的措施;对于传统格局的新房子采取立面整治,运用地方材料和色彩;对于体量偏大的新房子应进行立面改造,通过材质及色彩变化削减体量。新建民居可采取三合院或四合院的形式,材料尽量使用灰砖、毛石、灰瓦等。

(3)基础设施改造

在村口打一口190米深井作为给水水源;逐步建立起集中的排水和污水处理设施,污水集中收集经地埋式污水处理一体化设备处理达标后,作为灌溉用水排入农田,实现雨、污分流;增设一台250千伏安箱式变电站,建议拆除现有电线杆,改为地下电缆埋设方式,临街路灯设在墙角;工程管线全部地下铺设,穿河道时从河底经过。保护和利用村落原有的自然环境资源,综合利用多种绿化手段,突出历史风貌和地方特色,完善原有的绿化系统。

二、农家乐项目规划设计

在大中城市周围,风景名胜区附近,甚至在风光独特的偏僻山村,都可寻觅到"农家乐"的身影。"农家乐"是主要以农户自家民居为经营场地,依托自然景观和农村优美的田园风光,为游客提供餐饮、住宿、娱乐、参与农事活动等服务的休闲旅游形式。

"农家乐"起源于四川成都周边乡村,从郫都区友爱乡的农科村、成都龙泉镇书房村到三圣乡的"幸福梅林",可以看出"农家乐"的发展之路。

(一)特色种植

农科村位于成都西郊,受都江堰水利工程惠泽,土地肥沃,气候温和,属亚热带湿润气候区,光照充足,四季分明,冬暖、春早、夏长、无霜期长。村民充分利用传统花卉苗木栽种技术,不断探索和创新,逐步从一般粮食生产向种植花卉、苗木、桩头盆景等高效农业转移,创造出了公司加农户,第一、第三产业有效嫁接,互为促进的发展模式,同时承接规模较大的绿化工程,已成为成都市花卉供应基地，产品远销国内各地和东南亚地区。在发展花卉苗木的基础上，成功地发展了休闲农业，全村从事花卉苗木种植的农户占全村总户数的98%，从事旅游接待的农户占总户数的95%。

龙泉镇书房村在20世纪80年代初就开始逐渐扩大桃树种植面积，目前村内90%的土地皆为果园，以桃树、葡萄为主，一到春天，全村花团锦簇，红云笼罩，是著名的桃花观赏点。

三圣乡位于四川成都锦江区，以生产鲜花闻名遐迩，素有"中国花卉之乡"的美誉，全乡90%的农户从事花卉种植栽培，花卉产业实现年产值9000余万元。2002年，鲜花种植面积已达约3.87平方千米，全乡的优质花卉达15%，鲜花年上市量达3亿支，约占四川鲜花70%的市场份额。花农人均年收入4000余元。在旅游开发中，形成了幸福梅林、江家菜地、东篱菊园、荷塘月色、花乡农居五大景区，成为全国首个AAAA级乡村旅游风景区。其中，成都幸福梅林是成都打造的一个享誉全国的集生态、旅游、休闲、文化于一体的农家乐项目，拥有一个占地2平方千米的梅花品种的全国梅花种植基地。这里以"梅"为主题，修建了精品梅园等四座主题公园，建起了梅花博物馆、咏梅诗廊，使得整个幸福梅林充满了"暗香浮动"的文化韵味。"梅"也成了农民发家致富的财富，这里形成了全国最大的梅花观赏、批发、销售基地。

（二）农家园林的营造

农科村以农家院落为依托，竭力营造出中国传统农耕社会外有田园，内有书香，衣食富足，天人和谐的理想境界，展现出川西坝子殷实农家特有的风貌。农科村几乎家家都有精通盆景者，每家的案头廊上都放置着自家精心培育制作的盆景。每个庭院都有幽静小径相通，且命名都各有特点，如临水轩、怡园、紫藤屋、耕耘深处、养身园、溢香苑、何氏清舍等。庭院的营造讲究"叠石理水""师法自然"，讲究植物造景，花、草、树、木、石、水被巧妙地设计、配植后，呈现出不同的品味和格调，可谓"一家一个花园，一户一道风景"。如造型奇丽夺天的中华盆景园，春满庭院歌满园的庭院春，翰墨留香绕农家的临水轩等，即使是每个院落的大门也都别具匠心，表现出不同的建筑风格。

三圣乡农民房屋的改造很有特色，被花卉企业占地的农户在新的地方集中修建房屋以节约土地，新居在修建时统一成川西民居风格，对于旧的农民房实行就地改造，如重新装修房屋外立面等，使破旧的民居焕然一新，一方面美化了环境，另一方面为农户开展农家乐创造了条件。

由成都市金一天马装饰有限公司刘有达先生策划、指导，刘译、陈天勇设计的，位于龙泉驿区的"农家乐"山庄具有很强的典型性。

"农家乐"山庄是在原农房基础上改造而成的。面积250平方米，内设10间客房，20个床位，另设餐室、棋牌室、卡拉OK厅、办公室、厨房和卫生间等，室外还建有亭、径、棚、塘、园、篱房。

亭是主楼的重要补充，"醉然亭"用当地原木和稻草搭建，造型与周围环境相协调，亭柱上书楹联"一缕村烟绕松柏""满山花果簇骚客"。用毛石做片石小道，与石径配套的还有石栏、石梯、石堡坎，石栏用于分隔空间，使功能分区更为清晰；石梯是石径的延伸，方整的石梯与随意的石径形成对比。把原来较小的晒坝扩大，坝上用青砖筑柱，柱上用楠竹做棚，棚供葡萄攀爬，棚下摆上竹椅、竹几、盖碗茶，任游人在此纳凉、品茗。塘为一畦水田，稍加修整，用条石砌筑，放水养鱼，一来供游人垂钓，二来可以增添几分情趣。园以竹木为篱，更增小农风味。菜园中还设一鸟笼，鸟儿嬉戏其中。另外修建了供游人制作豆腐、豆花、豆浆的磨坊。

在装修上，将房间重新进行分隔。底层多为公用部分如餐室、卡拉OK厅、卫生间和厨房，二楼为客房、棋牌室、客厅等；对底层长廊外的土坯墙进行处理，使之在空间构成上富于变化。

在色彩处理上，追求"素而不淡，花而不乱"的境界，让人感到清洁卫生，又要让人享受到农家的风韵。用民间喜闻乐见的"喜鹊闹梅"剪纸装点窗面，其自由的构图，打破了造型的单调，其鲜艳的红色，如同给清静的客房点上了燃烧之火，使室内充满生机和活力。在餐厅的墙上，创作者刻意创作了一帧"斗篱与猎枪"的平雕，将山野农户常用物品作为壁饰，在旁边垂挂一虎皮（布），这样既有软硬对比，又有色彩对比，从而丰富了墙面的处理。

在"农家乐"山庄中，大量选用了山村取之不尽的树干、树枝、树根作为装饰材料。树干做柱，其天然的节结、纹理，令人赞叹；把形态奇特的树枝当成立雕嵌在白墙之上，别具风味；将树根依其根势，做成造型各异的台灯架、花瓶托；长短不一的木头，也按一定的韵律组合成一种隔断——挂帘。

总之，在整个装饰设计中，色彩、饰物、陈设和建筑小品都紧紧扣住"农家"这个立意，千方百计营造一种农家的氛围。

（三）鲜明的节事活动

为推动农家乐的发展，节事活动的策划也成为规划、经营的主要内容。农科村先后推出了迎新春乡村美食游、川派盆景展、根雕展、民间精品收藏展，举行了"川派盆景、兰花艺术节"。龙泉驿区自从1986年召开了第一届"桃花会"后,每年3月份的"桃花会",5~12月的赏果活动成为游客活动的高潮。2005年冬,"中国·成都首届梅花节"在幸福梅林开幕,推出了邀你踏雪寻梅、锦江年宵花展、赏梅博物展、精品梅花展销、梅林自行车公路赛、梅花展销、特色农家快餐活动、梅林赞梅诗画笔会、梅花节主题灯会、梅花插花艺术展、梅林欢歌文艺展、咏梅诗碑展、21届全国摄影艺术展览等共计13项主题活动。

三、休闲农场旅游项目规划设计

农场是由农田、草地、林地、园地、养殖场等构成的有一定土地利用规模的农业景观,由于所处的景观环境不同,农场的类型与规模也不尽相同,如内蒙古的草原牧场、新疆的山地牧场、林区的林场、平原地区的种植业农场、农林牧渔相结合的农场景观、南方大规模的水产养殖场等。农场是有组织、有规模地进行农业生产的农业组织形式。

休闲农场是近年来兴起的一种新型乡村农场景观类型,它在农业生产经营的基础上,充分利用农场的自然景观环境、生态条件、乡村田园生活和农业生产的特色,开展以乡村景观观赏、生活体验以及农业生产教育等为主题的乡村休闲活动。休闲农场主要考虑农场硬质景观要素和软质景观要素的规划设计。前者主要包括服务中心、住宿设施、展售中心、停车场、卫生设施、人行道、标识解说设施、植物造景、植物栽培、童玩设施、动物体验场、野外健身训练设施、凉亭、眺望台、警戒设施、救生设施设备、污水处理场、废弃物处理设施、不同等级的道路设施等。后者包括休闲农场的组织机构、营销策略、管理模式和措施、教育宣传、形象解说和形象标志等。

(一)贵阳金山生态农业观光园区

金山生态农业观光园位于贵阳市小河区西南面,距小河区中心8千米,距贵阳市中心15千米。

金山生态农业观光园所在地金山村总面积5.5平方千米,有12个村民组,总人口2225人,其中布依族占90%左右。主要农作物为水稻、玉米和蔬菜,经济作物有果树和油菜等。2001年在金山村旁的山丘上建立了百亩果树新品种示范园——金山生态农业观光园,先后引进日本、韩国、美国、意大利、新西兰等国家和地区的优质果树桃、梨、杏、杨梅、葡萄等70余种,现有20余个优良品种已挂果,果树品种培育及栽培技术在全省处于领先地位。该园可俯瞰阿哈湖水库,还可以看到曲折的湖岸线、靓丽的水面、水库周围连绵起伏的群山及郁郁葱葱的水源涵养林，再衬以眼前成片的优质果林，恰似一幅优美的山水画卷。

1. 市场定位

贵阳市区及周边城镇的居民；贵阳市过境旅游市场。

2. 品牌形象

贵州省生态农业观光示范园。

3. 体验性活动

采摘、吃农家饭、品果。

4. 功能分区

设主入口区、果园区、休闲区、游客服务中心和生态保护林区等5个功能区。

（1）主入口区

在公路西侧池岸处竖立一个园区生态柱标志，以绿色为基调背景，突出生态农业是朝阳产业，以红色为字体颜色，代表吉祥，寓意生态园的发展如火如荼；设观赏鱼类放养场，沿岸植柳，南岸加固水坝设闸，池岸设栏杆，沿池铺装3米宽的冰纹石，形成独有的观鱼景观；将园边凹地，改建为观赏鱼繁育基地。

（2）果园区

果园区总面积约0.4187平方千米，分杏园区、梨园区、桃园区、葡萄园区、温室大棚区和新品种试验及良种繁殖区六个区。整个园区建成后将成为具有浓郁田园风光的特色景观。以以果树为主的农业生产为依托，把农业生产、农业科技、产品加工、农事活动融为一体，充分体现游客的参与性，展现生态旅游、观光农业的经济效益、社会效益和环境效益。在果园区主要规划设计以下几种旅游产品，如"命名果园"，游客付一定租金，可在某块果园或某株果树上挂牌署名，常来浇水施肥，除草灭虫，邀亲友赏花品果，体会生态农业的乐趣。

（3）休闲区

总占地面积约0.1113平方千米，包括园区南部的松涛园小区及园区东部的湖景园小区。松涛园小区以布依风情为特色，设布依风情广场、布依饮食文化服务区、多功能服务会所及多处布依休闲竹屋。松涛园小区的防火及安全是重点，规划建筑限高7米，建筑间距不小于25米，消防栓间距不小于120米。湖景园小区以运动为主题，由网球场、游泳池、垂钓场及出租生态小屋组成，是较现代和时尚的功能小区。

（4）游客服务中心

包括餐饮部、小卖部和信息中心等，规划在园区西南角。

（5）生态保护林区

位于园区北侧的荒山，占地面积391760平方米。结合贵阳市二环林带造林工程，进行"近自然森林"示范建设。即应用模拟自然的手法，营造在种类组成和群落结构上与贵阳地区顶级植物群落相接近的人工森林，使之成为群落结构稳定、生物量高、物种多样性丰富的林带。这不仅能涵养本区水源和防止水土流失，同时可为喀斯特荒山的改造打下基础。

5. 开发模式

集生态保护、观光、休闲、娱乐和增长知识于一体，高度体现生态农业、自然与人的融合。由于高档水果的开发离不开高技术的支撑和种植技能，因此采用公司开发经营的模式。

（二）台湾休闲农场

休闲农业可以分为农产品直接利用型、农业生产过程利用型及农业环境利用型。欧美国家的休闲农业以环境利用型为主，着力于提供住宿及体验农村生活的机会；我国台湾的休闲农业，开始比较侧重于产品直接利用型，以观光果园为主，近年来开始向较大规模的休闲农场发展，其农作物的种类，从水果扩展到粮食作物；其观赏体验的内容，也向生产、休闲、教育等多方面扩展。比如，近年来在主要的农业区域，以从事水稻大规模经营的农场为对象，开始规划设计水稻教育休闲农园。这类农园有三种功能。

一是教育功能。把农园作为附近中、小学的户外教育或实习场所；也可以把社会音乐等课程与学生采访农庄、聆听大自然的声籁等活动结合在一起。

二是提供水稻文化的功能。比如由农场主人或农会推广员讲解"米的故事"，介绍米的种类、由来、营养价值以及购买、食用的方法。

三是休闲功能。农园提供富有特色的活动，如观赏田园美景、采摘新鲜果实、品尝特殊口味的食物、体验乡土生活（如烤竹筒饭、制作芦笛、扎稻草人、挖竹笋、摸田螺、钓鱼等）、参与民俗活动（如庙会）。

东河农场、走马濑农场都是台湾较成功的休闲农场。

东河农场是台东县第一个休闲农场，主要有以下项目。①休闲农庄，有三合院式的庄舍、家庭式套房、团体房以及在林间建造的小木屋。②观光果园，有柑橘、白柚、板栗、水蜜桃、杨桃、枇杷、百香果等四季应时水果。③观光乐园，有土肉桂、杜仲、黄槐、淮山药，并增种多种草本、木本药用植物充实内涵，并制作健康饮料供旅客饮用。④采桑养蚕，多年饲育蚕宝宝，可供游客携回饲养，教导游客制作蚕织丝扇、灯笼等，寓教于乐。⑤烤肉区，在溪流边开辟烤肉区，由农民提供烧烤用具与材料。⑥滑草场，开辟滑草场一处，提供健身活动场地。⑦赏鸟区，区内除一般鸟类外，尚有鹰鹫、松鼠等林间动物可供观赏。⑧森林浴，在已成林的樟树林和桉树林中修筑步道，供游客散步、赏景。⑨知性之旅，对本地特有的地形、地貌、岩石、动植物、自然生态进行解说，增进游客对自然的认识。⑩攀岩活动，将安山峭崖，辟为攀岩活动区，满足喜好运动的游客。还可开展捉虾活动，让游客尽情享乐；修建服务中心，展售当地土特产及提供咨询与餐饮等服务。

走马濑农场位于曾文溪上游的一块河谷台地，三面环山，虽然山隔水阻，自然景观却得天独厚。每年有数十万游客愿意进入一个以农牧为主题的休闲农园，许多人更是一游再游，这种重游正是走马濑农场与众不同的特色所在。主要建设项目如下。①农牧特色。规划设置了果树、放牧场、苗圃、生态园林及观光果园，非常适合21世纪享受物质文明的市民，前来体验田园之乐。而0.4平方千米的盘固拉牧草，是经过设计的人造草原景观，呈现出温带草原的牧野风光。②乡土文化。为纪念并保存人文资源，农场已开始着手兴建农业馆、田园艺廊、动物园、乡村剧场。③游乐世界。走生产、生活、生态"三生一体"的道路，游乐为生活与休闲中重要的一环。走马濑农场规划了20余项游戏及欢乐项目，从农业性的牛车、骑马、滑草，到人体动力的人力车、越野车、体能场，再到水上游乐的水踏船、三轮船，以百货型游乐，满足各年龄层的游乐需求。④度假小木屋。现有住宿设施采用多样化设计，有闽南式三合院、草原小木屋、农舍型农村小屋及欧式套房，以及欧式造型的度假旅馆。此外，经露营协会评定推荐的设施露营区，可容纳2000人同时露营，在家庭露营旅游成为度假主流之际，设施完善的营地是最佳选择。⑤新潮会议厅。配合度假会议的需求，场内有两大两小四个会议场所，备有现代化会议设施，可供400人同时住宿，由两个大餐厅供应乡土料理，加上夜间游乐设备，是良好的会议、讲习、训练地点。

四、主题农园旅游项目规划设计

主题农园是依托田园风光，由一种或几种农业要素构建的主题鲜明的乡村旅游地，它通过生产性与观赏性的有机结合，突出绿色休闲，强调公园的生态性和乡村文化特点。

(一)广东主题农园

深圳田园海上风光旅游区是以基塘为基础,集旅游、度假、生产于一体的,人与自然和谐共进,生态与经济共同繁荣的生态农业旅游区。规划面积1.085平方千米。基塘生态农业园是以滨海基塘生态农业为特色的大型生态旅游田园公园,承担生态旅游和基塘生产示范等功能,致力于推进区域特色性农业教育、观光农业和乡村旅游业的发展。基塘生态农业园规划了八个功能区,分别是基塘生态农业综合示范区、果基鱼塘区、花基鱼塘区、草(菜)基鱼塘区、桑基鱼塘区、农业科技园、芦荡迷宫和沿河生态走廊。

三水区荷花世界位于三水区西南镇,是集建筑雕塑、荷花文化于一体,贯通荷花观赏、荷文化体验的荷花生态主题园。规划设计了荷花文化广场、品种观赏区、睡莲区、生产科研育种区等八个功能区。

(二)武汉走马岭乡土风情园

武汉市走马岭乡土风情园,位于东西湖区走马岭镇,是在原东西湖园艺公司的苗圃基地上发展起来的。规划时强调充分利用现有资源,将生产的内容锁定为苗木花卉,重构传统农业场景,再现异域农舍风情,构建农业景观特色。

规划布局立足于苗木生产示范、经营贸易、科研,按照高新技术农业和观光农业产业的生产和运作要求,将全园划分成四大功能区:贸易服务区、科技园区、风情园区、苗木生产与示范园区。布局上以融会世界各地的风情园区为主,通过道路、林地和水体网络将各区有机地联系在一起。

全园形成"两轴、十三景"的景观结构。两轴由主入口开始,呈放射状的道路格局围合构成西轴线。次轴线从次入口、法国园区到达英国园区。主、次轴线控制全园,将各景区、各种风格的园区结合起来。十三景为,贸易广场(贸易服务区)、绿源广场(科技园区)、桃花岛(中国园区)、浓山缩水(盆景园区)、清迈绿意(泰国园区)、东瀛芳菲(日本园区)、风车郁香(荷兰园区)、水际云中(英国园区)、葡萄庄园(法国园区)、森林木屋(俄罗斯园区)、欢乐广场(喀麦隆园区)、山林野趣(印第安纳园区)、桃李芬芳(苗木生产基地)。

在规划和设计过程中贯穿生态理念。规划前期,进行全园生态适宜性评价;建设时,按尊重自然、恢复自然的方式理水堆山,形成以素心湖、镜湖和拢秀湖为主体的若干个人工湖泊及人工湿地,大片水域可有效调节区内小气候,增强了防洪抗旱能力。园区除苗木生产区为大片苗圃外,大部分土地用作生态林地。生产区的建筑采用太阳能利用、自动温控、自动喷灌等技术,来调节室内小气候,以节约能源。

五、农业生产基地旅游项目规划设计

农业生产基地包括规模化、现代化的农业生产基地和特色农业基地。前者有广袤的田野、大群的牲畜等,后者以发展特色农业为主,这本身隐含着较高的观光游览价值。

农业生产基地以提高生产效益为主要目标,主要是利用现有的生产项目开展旅游业。因此,规划中的旅游线路安排、景点设置应不影响生产;适当安排游客服务设施和辅助景点的建设,这些设施、景点要尽量使旅游和生产协调。

以下我们通过案例来说明。

(一)龙海生态旅游农业观光园

龙海生态旅游农业观光园,位于福建龙海市角美镇,原为龙海市苍坂农场,是为改革传统农业,建设起来的既富有现代风貌和闽台特色,又体现休闲生态农业田园风光,集观光旅游、休闲度假、健身娱乐、加工贸易、生产科研等功能于一体的现代生态农业旅游观光园。

主要建设项目如下。

①以优质龙眼为主的生态农业区,建有观赏命名果园、四季品种果园、花卉展示园、风景树培育园、瓜果园、牧草模式示范园。园区内引进种植了美国脐橙、印度枣、软枝洋桃、黑珍珠等30多种国外名优果树,并套种平托花生、南非马唐、圆叶决明等。

②展现"石文化"的景观区,建设有龙翔沧海纪念碑、露天卡拉OK厅、龙宫、大佛宫、孔子堂、妈祖庙、绿色长城、烟花燃放区等景点。

③休闲度假区,拥有歌舞厅、KTV、中餐厅、会议室,提供食住行一条龙服务,坐落于生态果林之中的度假套房、竹楼更显得别致、幽静、典雅;中餐厅提供丰富的粤、闽、川、湘风味菜肴。

④文娱乐园区,建设有滑冰场、情人吊桥、姻缘桥、迷宫、健康步道、射箭馆、台球室、乒乓球室、棋类活动室、儿童乐园。

⑤水上乐园区,拥有标准游泳池、儿童游泳池和嬉水区,游客可划船、垂钓、观鱼。

⑥野生动物园,占地2000平方米,划为猛兽区、猕猴洞区、鸟类区等八部分,构建了山、水、果、树、动物等多种生态系统,为野生动物提供活动场所,为中小学提供自然生态的教育场所。

（二）珠海生态农业科技园区

珠海市生态农业科技园是一个集农业高新技术引进、开发与生产、加工、出口以及观光旅游于一体的外向型农业科技园，是在原珠海农科所基础上发展起来的集团化科研经济实体，2001年该科技园的科技创收就达5000万元，旅游收入1000多万元，出口创汇达860万美元，成为目前我国最具实力的外向型农业科技园区之一。

在设计理念上，园区策划者认为，只有差异才是最好的旅游资源。所以制造差异就可能创造出一个全新的市场，并且这种旅游资源还具有可持续发展的优势。正是源于这种理念，园区每建设一个温室或安排一个项目，都考虑到了生态、环保、休闲观光、教育培训、商贸销售等因素。并且做到了园区一边建设、景点可以一边开放。

在项目建设上，利用设施农业和先进的生产模式，种植瓜果、蔬菜、花卉等近1000个品种，创造出新、奇、特的观光效果，并配套建立了"农科之窗""荷塘观赏""八卦田园""野菜园""水车阵""垂钓走廊""珍禽园""沙漠植物园""心灵茶庄"等一大批集科研、环保、生产、旅游于一体的生态园林景观。2000年元旦至春节园区成功举办了珠海首届南瓜文化艺术节，展示了全世界数百个珍奇的南瓜品种，大的如大鼓，重达100千克，小的如鸡蛋，才20克，黄、白、红、绿、青、蓝、紫七彩缤纷。在1999年的昆明世界园艺博览会上，珠海生态农业科技园区送展的产品一举夺得广东省瓜果类金、银、铜三个大奖，在第四届中国（广州）国际园林花卉博览会上，该园区设计建设的"奇异瓜果园"获得了"室内艺术园景设计大奖"。

六、古村落和古镇旅游项目规划设计

（一）古村落

中国传统的家族体制的文化理念悠久，对美好生活的向往、奇异的民族风情、独特的建筑风格，都保存在古老的村落之中。所以，古老的村落是中国传统文化的瑰宝，在开展乡村旅游规划时，应本着保护第一，突出特色，经济、社会和环境效益相统一的原则，还要考虑旅游开发对古村落环境和社会的冲击，并尽量避免给当地村民的正常生活带来负面的影响。

如国家文物保护单位马头古寨的旅游规划，发展策略为保护古寨环境与久远的历史文化氛围，使之成为贵阳市的历史文化名片；恢复古寨的历史原貌，增设生态文化设施，丰富其景观环境的内涵；在保护的前提下开展乡村旅游，构建具有冲击力的旅游意境。提出可持续发展、突出特色、统一规划、分步实施等几项原则，以"保护为主、抢救第一"的文物工作方针为指导，在保护土司历史文化遗存及民族文化资源的基础上，使马头古寨丰富而珍贵的文化遗产得到有效保护和合理利用，打造"黔中文化之源"的旅游文化与旅游特色，促进和推动区域经济可持续发展。丰富旅游功能和旅游活动内容；完善旅游配套设施；增加旅游景点；使之与南江、香火岩、紫江地缝及清龙河等景区连片成为贵阳市的旅游热点，游客可以在这里感受历史悠久的土司文化、丰富多彩的民族民间文化和山环水绕、古木森森的喀斯特生态聚落文化。并在马头古寨的发展中强调全面保护其整体建筑风貌、历史文化遗迹和自然生态环境；在保护的基础上推进以乡村旅游为主的可持续发展；向游客集中展示土司文化和当地布依族少数民族风情，将马头古寨打造成集观光、休闲、寻古探幽、民俗体验等功能为一体的省内一流、国内知名的综合乡村旅游区。

（二）古镇

正如李玉祥和紫图两位先生在他们所著的《中国古镇图鉴》一书中所说的，中国古镇承载着中国几千年的文化理念，铸就了中国人血脉中关于家园的记忆。古镇传统的民居建筑、古朴的生活气息、动人的民族风情和亲切宜人的空间，与周围村寨的农田风光、山色水影、鸟语花香组合成一幅幅传统的乡土画卷。

贵阳青岩古镇，历史悠久、文化深厚、文物古迹丰富、人文荟萃，明清古建筑群保存完好，融中西方文化于一体，汇传统文化、宗教文化、军事文化、革命文化于一地，是一个具有很高的历史价值、文化价值和旅游价值的历史名镇。古镇建筑风格独特，餐饮、糖食、小吃都独具特色，是休闲度假以及体验民族文化的绝佳去处。产品开发思路为在提炼青岩古镇历史风貌特色的基础上，通过加强对整体历史文化环境、重点历史地段和单个文物保护点的保护，建设具有传统特色、文化内涵与时代气息的旅游精品名镇，打造贵阳人文第一景观。开发中应以特取胜，以古镇、古风占领大众旅游市场，与人造景点和山水旅游形成对比；以文取胜，在发展大众观光旅游的同时，推出文化旅游产品，加强旅游氛围的意境营造；以精品取胜，加强环境保护设施和环卫设施建设，建设游客服务中心、古镇博物馆，逐步推出古镇观光、军事攻防等文化旅游产品；以大力营销取胜，准备专项宣传营销资金，进行积极、快捷、鲜明、频繁的宣传活动，使古镇旅游势头长盛不衰。同时，应充分体现"以青岩古镇为龙头，促进花溪乡村旅游业全面发展"的思路，要以青岩古镇旅游经济的发展，带动高坡乡民族文化旅游、黔陶乡历史文化旅游、马铃乡生态文化旅游、燕楼乡夜郎文化旅游和白云山宗教文化旅游，形成区域旅游联动开发。

第六章 乡村旅游规划与发展战略探讨

随着市场经济的不断发展，旅游业逐渐成为促进我国国民经济发展的重要组成部分，同时伴随着绿色经济的深入发展，国民在旅游中也更加青睐于亲近自然的旅游模式。这一旅游理念的改变，极大地促进了乡村旅游事业的发展，全面提高了乡村经济发展水平。本章分为乡村旅游规划及发展战略、乡村旅游规划案例分析——以十堰市南化温泉旅游度假小镇为例两部分。主要内容包括乡村旅游规划存在的主要问题、乡村旅游规划的发展战略分析等方面。

第一节 乡村旅游规划及发展战略

一、乡村旅游规划存在的主要问题

（一）无规划的自发发展状况占主导地位

综合而言，我国乡村旅游难以进一步发展壮大的主要原因在于没有充分发挥政府的宏观指导作用，缺乏专项规划。乡村旅游发展呈现出较为散漫的状态，缺乏由点到面的辐射。进一步来看，主要表现为功能分区不合理、市场竞争混乱、重复建设问题严重，且没有与传统景点相结合，难以充分发挥出景观的特色优势。

（二）规划水平有待提高

从现阶段形势来看，在国内旅游业蓬勃发展的同时，旅游规划方面人才短缺的问题却越来越突出。但是由于受到了市场的刺激，一些并不具备旅游规划资质的团体为了分一杯羹，也盲目地进入此领域，进而导致乡村旅游规划设计整体水平持续走低，甚至将乡村旅游带入了歧途，不仅未能发挥乡村旅游资源的特有优势，还使得乡村的独特风貌遭受到了不可逆转的破坏。

（三）政策法规欠缺，规划落实困难

审批部门的失职也是导致国内乡村旅游发展停滞不前的原因，从当前形势来看，几乎没有关于乡村旅游规划的严格的、针对性较强的外部监督约束机制，直接导致乡村旅游规划很难顺利落实。与此同时，现阶段国内尚未形成统一化、标准化的行业管理政策，宗教、文化、农业、旅游、林业等部门呈现出各自为政的状态，很难为旅游规划的实施提供有力的指导与保证。

（四）土地利用的问题

随着乡村旅游的兴起，农业用地的实际功能得到了有效的拓展，逐步承担起了旅游商业服务的重要功能，乡村空间网络结构以及土地利用结构也在潜移默化地发生着变化。

（五）开发与保护的问题

现阶段，在乡村旅游领域，国内尚未制定系统性的开发与保护政策。国际旅游政策论坛在相关报告中发表过这样的见解，即应该将旅游目的地的自然承载力以及社会承载力视作开发活动的首要原则性标准来看待。这要求在发展乡村旅游的过程中，绝不能以牺牲当期自然环境为代价，应该秉持持续利用的方针来进行开发，加强对地方资源的保护力度。

二、乡村旅游发展战略分析

要确定乡村旅游发展战略首先应对乡村旅游区域进行 SWOT 分析。其中优势和劣势分析是指对乡村旅游产品的资源条件、区位条件、市场占有比、基础设施、管理经营、营销策略等方面进行分析，以便准确把握乡村旅游开发的优势和不足；机遇和挑战分析则是从市场需求、大环境变革、发展趋势、产业组合的角度提炼出乡村旅游未来的发展方向，同时明确开发过程中可能面临的竞争与挑战。

乡村旅游发展战略包含一般性战略、针对性战略等。

一般性战略是旅游发展战略中具有普遍意义的战略，对大多数地方来说都适用来说，也是各地发展旅游业都必须坚持的战略选择，诸如政府主导战略、可持续发展战略、信息化战略、人才战略等，都是一般性战略。

针对性战略是依据不同乡村旅游地自身的条件而提出的差异性战略选择，它是为了更好地发挥地方优势，同时尽可能地避免劣势，从而找到地方乡村旅游发展的新突破。诸如生态化战略、区域联合战略、多部门促进战略等，都是针对性战略。

第二节　乡村旅游规划案例分析——以十堰市南化温泉旅游度假小镇为例

一、规划总则

（一）规划范围

东至滔河，西至南赵路，北至014县道北部山脊，南至南化中心小学。规划区总面积489980平方米，其中陆地面积约381333平方米，滔河区段水域面积约108666平方米。

（二）规划依据

规划在依据国家相关法律法规、行业标准的基础上，重点参阅了以下与本规划密切相关的上位规划成果。

1. 国家法律法规

《中华人民共和国城乡规划法》（2008）；《中华人民共和国土地管理法》（1998）；《中华人民共和国环境保护法》（1989）；《中华人民共和国水土保持法》（2010）；《中华人民共和国森林法》（2009）；《中华人民共和国防洪法》（1998）。

2. 部门规范文件与行业标准

《旅游规划通则》（GB/T18971—2003）；《旅游资源分类、调查与评价》（GB/T18972—2003）；《旅游区（点）质量等级的划分与评定》（GB/T17775—2003）；《镇规划标准》（GB50188—2007）；《城市用地分类与规划建设用地标准》（GB50137—2011）；《防洪标准》（GB50201—1994）；《风景名胜区规划规范》（GB50298—1999）。

3. 上位规划

《南水北调中线工程生态文化旅游产业带规划纲要》《丹江口库区及上游水污染防治和水土保持"十二五"规划》《郧县旅游发展总体规划》《郧县南化塘镇镇区控制性详细规划》《郧县南化塘镇旅游发展总体规划》《南化温泉旅游度假小镇总体规划》。

4. 参考性资料

《湖北省郧县滔河水库初设阶段工程地质勘察报告》《湖北省郧县滔河水

库库首左岸分水岭补充勘察报告》《南化温泉度假村土地勘定界技术报告书》。

（三）规划指导思想

坚持"科学规划、统一管理、严格保护、永续利用"的基本方针，强调合理利用温泉及周边自然资源与人文资源，将温泉旅游项目开发与城镇化发展、乡村文化建设有机结合起来，因地制宜，提高核心景区服务接待设施的品质，带动区域旅游与社会经济建设同步发展，促进经济效益、社会效益和环境效益的综合提升，实现南化温泉旅游度假小镇的可持续发展。

（四）规划原则

①强调科学规划，合理布局功能分区的原则。
②强调生态优先，永续利用自然资源的原则。
③强调错位发展，开发特色温泉项目的原则。

（五）规划分期

①近期：2013—2015年，温泉旅游度假小镇建设期。
②中远期：2016—2020年，温泉旅游度假小镇完善期。

（六）规划分期

第一，打造国内独一无二的"滨河古镇型温泉休闲综合体"。

第二，使之成为"东方养生之都"——十堰市最具地方文化特色的温泉旅游名片。

第三，使之成为在全国范围内具有知名度和影响力的"生态养生型温泉旅游示范区"。

第四，达到国家AAAA级旅游景区标准。

二、现状概况

（一）地理位置

南化温泉旅游度假小镇位于十堰市郧阳区南化塘镇北郊鲍鱼沟口，选址地块沿滔河两岸分布，距离滔河水库库首约2千米，规划用地红线面积489980平方米。

（二）自然条件

1. 地质、地貌、土壤

项目区地质基岩为叶片岩，地貌为三级阶地，山水田园浑然一体，地势整体由南往北依次抬高，海拔高程位于 321.59 米与 368.47 米之间。南化塘镇的母亲河滔河、兆河与 014 县道穿境而过，将项目区规划用地自然分割成五个相对独立的地块。北部四个地块地表覆盖物多为亚黏土，南部地块为滔河与兆河的冲击平地。滔、兆两河夏季最大流量为 4 立方米/秒，冬季最小流量为 1.1 立方米/秒。

1975 年曾有一次百年未遇的特大洪水，沿河街道建筑进水 1 米多深。20 世纪 80 年代滔河水库建成并蓄水发电，洪峰期可归河道自流，减缓了洪水隐患。总的来看，项目区地质岩性较为稳定，地形组合条件较好，形成了"两水三岸"的地格特征，与国内其他温泉度假村有显著差异。

2. 气候

项目区属亚热带季风气候，四季分明，气候温和，南北气候兼有。年均日照总时数为 1928 小时，年平均气温 14℃左右，年积温 4800～5000℃，无霜期 241 天，平均降水量 820.2 毫米，年均降雨 95～143 天。由此可见，项目区气候条件较好，丰沛的降雨能够为温泉水源带来源源不断的补给，也能充分保障滔河规划区段的景观水量。

（三）建设现状

南化温泉旅游度假小镇紧靠南化塘镇镇区，镇区 2010 年城镇人口约 1.2 万人。镇区现已建成道路 42405 平方米，其中水泥路面 34635 平方米；镇区内有 10 万伏变电站一座和日供水能力 2200 立方米的自来水厂一座。此外，项目区周边还分布有中学一所，总建筑面积 40000 平方米；中心小学一所，总建筑面积 10000 平方米；私营宾馆、集贸市场等商业服务设施若干。紧邻项目区新选址的南化村村委会也在紧张建设中。

三、发展条件分析

（一）温泉资源分析

1. 温泉泉量分析

项目区的温泉水源为鲍鱼沟温泉。根据《湖北省郧县滔河水库库首左岸分水岭补充勘察报告》的记载，鲍鱼沟温泉水从层间褶皱、走向北东的小背斜轴部涌出，在约 30 米的距离上沿鲍鱼沟右侧呈线状分布。水量较大的露头有三处，集中在上段，通过长期观测测得其平均水温为 25℃，平均总流量为 45.365 升/秒，若漏测的流量占总量的 20%，则实际平均流量约为 55 升/秒，日流量可达 4752 立方米，年总流量为 1734480 立方米。且该泉群的水量和流量都比较稳定，从泉水出露的地质环境来看，其北面碳酸盐广布的分水岭区应该是它的补给区。测温钻孔内地下水的温度随深度的增加逐渐增高，说明其发热是地下水的深循环（地热增温）所致。

总体来说，鲍鱼沟温泉资源条件较好，进行旅游开发具有以下三个方面的优势。

第一，鲍鱼沟温泉水质好、出水量大，按每个床位平均用水 0.4 吨计算，每天可供近 1.2 万个床位，完全可以满足建设大型温泉度假村的需要。

第二，温泉水量与流量稳定且补给充裕，具备长期可持续利用的基础。

第三，温泉泉眼距离核心项目区较近，在泉水输送过程中热量漏损很小。

2. 温泉泉质分析

根据《湖北省郧县滔河水库初设阶段工程地质勘察报告》的记载，滔河坝区和库区内所赋存的碳酸盐岩岩溶裂隙水及地表水，其物理性质为无色、无味、透明，其水化学类型属于重碳酸钙型微硬淡水，其主要成分阴离子是重碳酸根离子，阳离子是钙，同时还含有较为丰富的镁、钠、钾、氯、硫酸根等多种对人体有益的物质成分和微量元素。

钙离子有轻度收敛功能，除对皮肤黏膜炎症有效外，还有增强肾上腺激素与抑制肠蠕动的作用。因此，重碳酸钙泉在较为常见的温泉类型中，被视为上品，可供沐浴、饮用和吸入。

第一，沐浴法的主要功效。浴用有降低血压的作用，尤其是肾性高血压，因此重碳酸钙泉又被誉为"肾脏泉"；可治疗神经官能症、自主神经功能失调等症；还有助于去除皮脂、增加水分排泄。

第二，饮用法的主要功效。饮用后钙进入血液，降低血管的通透性，提高血液的凝固性，能增加尿酸溶解，促进结石排出，同时有消炎作用，可用于治疗泌尿系统结石、胆石症、慢性胆囊炎等症。

第三，吸入法的主要功效。吸入钙有抑制呼吸道黏膜分泌的作用，可用于治疗支气管炎、过敏性鼻炎、慢性喉炎等症。这种方法在西欧各国盛行，其方法是将温泉水喷成细雾状进行吸入，设有专门的吸入室或做成喷雾瓶。

（二）项目发展的有利条件

1. 地理区位优势

项目区所在的南化塘镇地理位置独特，处于三省交界地带，邻近G70、G40两条高速出口，郧阳区至白浪镇的二级公路从镇区穿过，郧十高速公路也经过镇区南侧。项目区扼滔、兆两河交汇口，地势开阔，空间纵深性好，有较大的旅游容量。

2. 旅游集聚优势

项目区周边旅游资源富集，滔河水库十里红叶画廊、玉皇山中原突围遗址与南化温泉旅游度假小镇构成"一体两翼"的格局，九龙瀑、龙吟峡、仙女洞等众多品位较高的成熟景区环依周边，形成优势互补、丰富多元的旅游吸引物，给温泉旅游的开发提供了较强的市场保障。

（三）项目发展的制约因素

一是规划建设的郧白二级公路从项目区穿境而过，对整体环境造成一定的影响，加大了后期安全管理的难度。

二是项目征地过程中需对规划区内少量民居和罗非鱼池进行拆迁补偿，增加了投入成本。

三是项目区周边的镇区面貌差强人意，街道立面外观和环境卫生均有进一步整治的需要。

四、土地利用规划

（一）用地规划结构

南化温泉旅游度假小镇必须遵循"旅游开发、土地运营与新镇名片打造有机融合"的基本理念。依据项目区土地高程、坡向现状及组合特征，用地规划结构可定位为"一轴三片区"。"一轴"是指以滔河为纽带所形成的自然生态滨水景观轴；"三片区"是指项目区由滔河和014县道自然分割成的三大连接的区域板块，可表述为"南部片区""中部片区"和"北部片区"。

（二）土地使用者需求分析

项目区土地使用主体、性质与功能等均呈现出多元化格局。从使用主体角度来看，既有当地社区居民，又有外来游客；从使用性质角度来看，既有公共空间，又有经营性空间；从使用功能角度来看，则涵盖了旅游业"食、住、行、游、购、娱"六大要素及公共服务功能。具体而言，项目区土地使用者需求主要有以下几种。

1. 公共服务需求

通过建设功能完善的公共服务设施，满足游客综合接待服务和区域行政管理服务的职能需求，要求交通便利，停车场等配套设施完善。

2. 商住一体化需求

基于新型城镇化发展的需要，建设宜商宜住的城镇新街区，要求清洁、绿色、美，环境良好。

3. 文体休闲需求

通过建设多类型的文化场馆与体育设施，丰富当地社区居民与外来游客的精神文明生活。

4. 商务住宿需求

通过建设不同档次的酒店接待设施，满足不同旅游者群体的多元化住宿及会议需求。

5. 温泉游乐需求

通过建设各具特色的温泉游乐设施，满足大众化中低端游客的公共沐浴需求。

6. 养生度假需求

通过建设静谧精致的养生温泉设施和住宿接待设施，满足高端游客"静态养疗"的特殊度假需求。

7. 农业体验需求

通过建设生活化与科技化的农业项目，满足游客"回归田园"、感受"科技兴农"的体验性需求。

8. 生态休闲需求

通过建设山体生态公园，满足当地社区居民及外来游客的康体休闲需求。

（三）土地利用管制

1. 建筑开发管制

根据场地的类型和生态环境，确定不同地块的不同属性业态，规划区内商业设施用地占地面积较广，应对其进行合理的建筑密度、容积率、建筑高度、色彩及风格的控制，而且区域内的建筑尽可能地使用较环保的材料。

2. 水体开发管制

科学建设滔河景观河堤，沿堤布置污水管道至下游污水处理厂，做好绿化隔离带或自然生态型驳岸，划定沿岸禁止性开发和限制性开发的区域。现有罗非鱼养殖和砖厂两个项目，应关停或迁走。

3. 山体开发管制

在保护现有绿化的基础上进一步优化树种，扩大经济性果树、观赏性乔木、常绿树等的种植面积，同时在进行山体改造建设时应注重对鲍鱼沟温泉水源的保护。

（四）土地利用平衡

根据住房和城乡建设部颁布实施的《城市用地分类与规划建设用地标准》（GB50137—201），项目区占地红线面积489980平方米，规划建设用地总面积279262平方米，非建设用地面积210718平方米。其中，建设用地类型包括二类居住用地（R2）、行政办公用地（A1）、文化设施用地（A2）、体育用地（A4）、商业设施用地（B1）、娱乐康体用地（B3）、道路用地（S1）、交通场站用地（S4）、供应设施用地（U1）、公园用地（G1）、防护用地（G2）、广场用地（G3），非建设用地类型包括水域（E1）、农林用地（E2）。

（五）用地细分

本规划在充分考虑功能布局的同时，对项目区土地进行了细分，共分为三大片区，33个地块。编码共有3位有效数字，第1位英文字母代表片区，第2、3位阿拉伯数字代表地块编号。

五、功能分区与项目布局

根据集中功能单元、突出主题形象的基本原则，结合游客的进入路径导向，规划将项目区划分为综合服务区、文体休闲区、温泉度假区、康体养生区、酒店接待区、农业休闲区和山体公园区七大功能分区。

（一）综合服务区

规划将南部片区向前东路两侧地块建成综合服务区，总用地面积38090平方米，包括南化塘镇游客接待中心、行政管理中心、综合生态停车场、商住服务街区等主体项目。

南化塘镇游客接待中心在服务功能上要求能够辐射整个南化塘镇的旅游景

区（点），规划设计为一组具有改良新徽派特色的建筑，集全镇旅游景点售票、信息发布、宣传推介、导游服务、集散换乘、咨询投诉、监控监管等功能于一体。

商住服务街区要能充分贯彻低碳、环保、慢生活的理念，街区建筑风格与游客接待中心保持一致，体现古色古香的韵味，以框架结构为主，彰显青瓦、灰墙、坡顶、木柱的风貌特色，街道则使用地方石材，同时将移民搬迁之后的旧瓦、古砖充分利用，再配以石磨、碾盘等。街区功能为商住一体，宜设计为联排商铺楼形式，高度控制在3～5层，采用楼下商业、楼上居住混建形式，但必须设置各自独立的出入口，功能上相互不干扰。楼下商业可用于开办商店、超市、餐馆、酒吧、影楼等，也可入驻邮政分局、电信分局、信用社（银行）等机构，其他楼层则可作为商品房或产权式公寓销售，楼前设置少量临时停车位，楼间间隔数米修建配置座椅的树池花坛供游人小憩。

（二）文体休闲区

规划将南部片区除综合服务区之外的地块建成文体休闲区，总用地面积71938平方米，包括少量临江商住服务街区、体育健身中心、文化活动中心、音乐喷泉广场、花园洋房社区等主体项目。

本区的商住服务街区在楼层高度上控制为2～3层，进入业态上控制为旅游纪念品与土特产品销售、特色餐饮服务等。

体育健身中心为一座功能齐全的室内体育馆，内设篮球场、羽毛球场、壁球场等。

文化活动中心是南化塘镇当地居民与外来游客精神文化生活的阵地，包括图书馆、青少年活动中心、文化馆、农艺博览园等功能性设施。

（三）温泉度假区

规划将中部片区中沿滔河东岸的平整地块与现罗非鱼池区域建成温泉度假区，总用地面积51795平方米，包括南化温泉度假酒店（含温泉接待中心）、公共泡池群等主体项目。

南化温泉度假酒店拟按4星级豪华度假型酒店标准建设，客房规模为86间标准客房。建筑风格为改良新徽派风格，立面形式为"品"字形，高度控制分别为5层及3层，酒店西侧3层为温泉接待中心。

公共泡池群为温泉旅游度假村的核心旅游产品，满足大众化公共沐浴需求，由风情、动感、养生等多种特点的数十个泡池组成。为解决冬令时节入池寒冷难题，拟建设占地面积2522平方米的穹顶式室内温泉馆1个。

（四）康体养生区

规划将中部片区中温泉度假区对岸的平整地块建成康体养生区，总用地面积 33518 平方米，包括高端养生会所、庭院式养生会所、双拼式养生会所、温泉健康养生中心等主体项目。

该区域以"静态养疗"为主，具有高端度假住宿功能。为了进一步体现接待客体的层次性，规划建设 1 栋占地逾千平方米的高端养生会所（含首长套房与夫人套房各 1 套、陪同标准客房 5 间）、3 栋庭院式养生会所（各含套房 1 套、客房 9 间）、8 栋双拼式养生会所（各含套房 2 套、客房 8 间）和 1 栋配套的健康养生中心。所有养生会所客房用水均为温泉水直供。同时，沿高端养生会所四围修建一条景观水渠贯穿各个养生会所，水渠中种植睡莲等景观植物。

（五）酒店接待区

规划将中部片区中沿郧白二级公路的条形地块建成酒店接待区，总用地面积 19244 平方米，包括锦润温泉山庄、员工宿舍楼等主体项目。

锦润温泉山庄主要为增强整个温泉度假村旺季时的接待能力而修建，拟按照 3 星级商务型酒店标准建设，客房规模 172 间。建筑风格在整体上与南化温泉度假酒店保持一致，立面形式为"品"字形，高度控制分别为 9 层及 7 层。在山庄主楼前方配建会议中心与网球场、门球场、绿地运动场等功能设施。

员工宿舍楼安排在锦润温泉山庄北面，主体为一栋含员工宿舍和职工食堂的 6 层"7"字形混合建筑，楼前配建篮球场及休闲设施。

（六）农业休闲区

规划将北部片区中的滔河西岸地块建成农业休闲区，总用地面积 33918 平方米，包括生态餐厅、有机蔬菜基地、滨水游园等主体项目。

生态餐厅规划占地 2800 平方米，餐厅外立面为透明玻璃幕墙，内部按照以绿色景观植物为主，以蔬、果、花、草、药为辅的格局进行植物配置，结合假山、瀑布、小桥流水、竹木亭阁的园林景观，为就餐者提供绿色、优美、舒适、悠闲、宜人的就餐环境和安全、可口、养生的绿色生态食品。有机蔬菜基地则分为阳光温室群和私属菜地两部分建设。滨水游园为小型生态公园，内设林荫游步道、文化寓言广场等设施，供当地群众与外来游客休闲娱乐。

（七）山体公园区

规划将北部片区中滔河东岸的山地建成山体公园区，总用地面积 79403 平方米。规划在坡地上垦种桃子、李子、石榴、枇杷等当地适生经济果林，打造无公害四季果园,既能起到山体绿化和美化的作用,又可以面向游客开展自助采摘游的活动,丰富温泉旅游度假村的产品类型,提升参与体验性。为了满足旅游者游憩的需求,应当在该区域适当配置木凳、木栈道等休闲设施,同时在山顶修建一座玄武亭,作为整个项目区的观景平台。

六、道路交通系统规划

(一)道路交通规划

1. 规划原则

第一,应根据交通源和集散点的分布,并结合地形、地物、水文走向等规划道路,确保各层级的交通顺畅。

第二,为满足温泉旅游度假村内外及各功能性设施之间相互联系的需要,尽量采取人车分行,保证相对独立的步行系统。

第三,保护自然环境,避免山体大切坡,减少工程投资。

第四,道路是景观构成的重要部分,路面铺装材料与地方周边环境要协调。

2. 道路系统

车行主干道:道路红线20米,路面宽度12米,设计时速60千米/小时(项目区内郧白二级公路、向前东路、玉皇山路等)。

车行次干道:道路红线10米,路面宽度7米,设计时速40千米/小时(项目区内滨河路、014县道及连接南化温泉度假酒店与锦润温泉山庄的景区内道路)。

车行支道:道路红线6米,路面宽度4米,设计时速30千米/小时。

电瓶车道:宽度2.5~4米,地表面建材为青色花岗石板材,为温泉旅游度假村内部环线交通道。

步行道:宽1~2米,地表面建材为青石板或木栈道,表面应考虑防滑,为温泉旅游度假村内部游步道。

3. 停车场

主停车场:位于游客接待中心后的综合生态停车场,总用地面积1820平方米,铺设嵌草式生态型多孔地砖。

南化温泉度假酒店附设停车场:位于南化温泉度假酒店前广场,铺设嵌草式生态型多孔地砖,附设电瓶车发车台。

锦润温泉山庄附设停车场:位于锦润温泉山庄前广场,铺设嵌草式生态型多孔地砖，附设电瓶车发车台。

养生会所附设停车场：每一栋养生会所附近均设 2～5 个停车位。

临时停车场：部分商住服务街区及文化活动中心等建筑的楼前空地规划为临时停车场。

（二）竖向规划

1. 规划要求

道路竖向是确定其他用地竖向规划最重要的控制依据之一，也是规划管理的重要控制依据之一。道路竖向主要控制道路交叉点及变坡点标高。道路竖向规划需与道路平面规划同时进行，结合镇区用地中的控制高程、沿线地形地物、地下管线、地质和水文条件等进行综合考虑，尽量维持原有的竖向布局，少填少挖，减少土方量及防护工程量。道路竖向规划还需与道路两侧用地的竖向规划相结合，满足沿路线性景观的需要。在康体养生区这种私密性要求较高的地方，应通过微地形设计营造领域感、界定空间。道路竖向规划最终要达到工程布局合理、造价经济、景观优美等目标。

2. 规划依据

①《防洪标准》（GB50201—1994）。
②《城市用地竖向规划规范》（CJJ83—1999）。
③《城市道路设计规范》（CJJ37—1990）。
④《室外排水设计规范》（GB50014—2006）。

3. 控制要点

第一，项目区内机动车道按照城市支路竖向设计规范要求，最小纵坡不小于 0.2%，最大纵坡不大于 8%，最小坡长不小于 60 米。

第二，非机动车道规划纵坡宜小于 25%。

第三，道路横坡设计为 1%～2%。

第四，广场竖向规划叮满足自身功能要求，并与相邻道路和建筑物相衔接，其最小坡度设计为 0.3%。

第五，建设用地地面排水坡度宜大于 0.2%。

第六，滔河上所有桥梁下部标高要求至少高于其常水位 2 米。

第七，山体公园区游客登山道，坡高大于 45% 的梯道，应做防滑处理，设置安全护栏设施和警示广告牌。

（三）游览规划

第一，本项目区范围内的游览方式包括步行、电瓶车和旅游船3种。

第二，本项目中的温泉度假区和康体养生区为内部综合经营型片区，外来游客需购票入内，两个片区之间通过滔河上新建的两座景观桥形成步游环线和电瓶车环线。原则上康体养生区的游客可进入温泉度假区，温泉度假区的游客不可进入康体养生区。

第三，本项目中的其他功能分区为开放式观光游览区，不收取门票。

七、景观系统规划

景观涉及的基本要素包括硬质景观与软质景观两个方面。硬质景观包括建筑、构筑物、硬质地面等，软质景观包括天际线、水面、植被等。郧阳区南化温泉旅游度假小镇景观系统规划要兼顾硬质景观与软质景观的融合，充分对景观生态学的原理加以运用，并能协调处理好景观"斑块""廊道"和"基质"之间的关系。

（一）景观结构

项目区景观系统要形成"点""线""面"相结合的结构形式。

1. 景观"点"

景观"点"是指项目区中的主要、次要及入口处的景观节点。

南化温泉度假酒店大体位于整个项目区的几何中心，建筑体量大、风貌特色突出，是整个区域的地标和空间生长点。音乐喷泉广场与度假酒店隔河而立、穹顶式室内温泉馆与景观廊桥的组合相得益彰。上述这些景观载体构成区域内的主要景观节点。

山体公园顶端的玄武亭为整个项目区的制高点，锦润温泉山庄和高层商住服务街区也是项目区内的景观高点，它们既是重要的空中观景平台，其自身又构成项目区的次要景观节点。

游客接待中心和入口牌坊等构成的综合服务区是项目区的"第一印象区"。生态餐厅是项目区次入口的标志。两者构成区域内的门户景观节点。

2. 景观"线"

景观"线"是指项目区中的主、次景观轴和沿水系及岸线形成的观景界面。

以南化温泉度假酒店为发射端，连接音乐喷泉广场和穹顶式室内温泉馆、景观廊桥的两条轴线分别贯穿项目区各级代表性景观节点，形成区域内的两条景观主轴。

文体休闲区和康体养生区的滔河岸线上修建的亲水景观河堤，视野开阔，形成了区域内的两条景观次轴。

3. 景观"面"

景观"面"是指项目区中由较大尺度的建筑群落、绿地广场等构成的景观组团。

（二）规划要点

第一，对项目区内总体建筑形象及色彩进行统一控制，建筑形式大致统一为改良新徽派建筑风格，且体量不宜过高过大，一般以2～5层为宜；建筑色彩以青瓦、灰墙为主调，整体体现出滨水古镇特色。

第二，项目区周边山体要进行景观化改造，注重植被林相、季相、色相的合理搭配，山体公园区以种植经济果林为主，其他山体区域可考虑选择当地适生的黄栌树，形成连片"红色叶海"景观。

（三）照明设计

1. 设计依据

①《城市道路照明设计标准》（CJJ45—2006）。
②《城市夜景照明设计标准》（JGJT163—2008）。
③《建筑照明设计标准》（GB50034—2004）。

2. 设计原则

一是在确保夜间照明安全的基础上突出重点，将主要景观节点的照明重点处理，达到主次分明、疏密有致的效果。

二是确定项目区内的照明分区和各分区定位，达到整体丰富、结构清晰的目的。

三是根据深层生态学原则，充分考虑其他生物种群对光环境的需求，避免人造光对其他动、植物产生负面影响。

四是突出照明的科学性、布光的隐蔽性，被照对象的亮度和颜色与周围环境既有差别又和谐统一。

3. 设计要点

第一，主入口和南化温泉度假酒店、音乐喷泉广场、穹顶式室内温泉馆及景观廊桥等主要景观节点是照明处理的重点，是整个区域的最亮点。

第二，道路系统及亲水河堤的照明形成整个景观中的线性照明，可考虑使用仿古节能照明灯；文体休闲区、温泉度假区和康体养生区形成整个景观中的面状照明。

第三，温泉度假区和康体养生区适宜多采用光线柔和的庭院灯、草坪灯照明，营造出静谧的氛围。

第四，所有照明器材选材应尽量采用高光效、无眩光光源，且不影响白天环境景观，必须满足安全、美观、经济及维护方便等要求。

八、绿地系统规划

绿地系统规划是对项目区内各种绿地进行定性、定位、定量的统筹安排，形成具有合理结构的绿地空间系统，以实现其保护生态环境的目标。

（一）规划原则

1. 分区绿化原则

从保护植物多样性、增加植物层次、增强景观效果的角度出发，根据功能分区来划分绿化片区，注意对建筑群进行适当遮挡。

2. 实地实树原则

项目区内生态环境脆弱，为减少成本，尽快形成绿化效果，在绿化植物的选择上应以本地乡土树种为主。

3. 功能统一原则

绿化设计要兼顾生态与观赏功能，由于项目区面积较大，应根据不同的用地性质进行绿化设计和植物配置，注重植被林相、季相、色相的协调，既方便管理，又不失景观观赏效果。

4. 层次结合原则

在分区绿化的基础上进一步丰富植被类型，增加植被立体层次，做到乔木、灌木、地被植物相结合，赏花、赏叶和赏果相结合，落叶树种和常绿树种相结合。

5. 保护私密原则

在温泉泡池和养生会所周边适度密植树丛，创造私密性环境，注意不宜栽种过多落叶树种，以保持泡池洁净。

（二）绿化分区与树种选择

根据功能分区并结合自然地形特征，将绿地系统分为以下三大片区。

1. 南部片区

范围：综合服务区与文体休闲区。

设计要求：南部片区为开放式公共空间，规划绿地类型主要为防护绿地、公园绿地与附属绿地，总的格调为自然、大方、舒适、生态。绿化种植设计以疏林草地结合花灌木自然式配置为基调；主要道路两侧配植常见行道树种，并采用整形绿化方式；商住服务街区中的树池花坛宜种植常绿乔木。

树种选择：滔河沿岸弧带状防护绿地宜选择耐湿树种，如香樟、白蜡、垂柳、杜仲等。体育健身中心、文化活动中心南部扇状广场绿地可选择樱花合欢、含笑、茶花、栀子花、结缕草等。主要道路两侧行道树种可选择香樟银杏、水杉、悬铃木、栾树等。商住服务街区中的树池花坛宜选择滞尘树种，如龙柏、广玉兰、金桂、金叶女贞等。

2. 中部片区

范围：酒店接待区、温泉度假区与康体养生区。

设计要求：中部片区为封闭式经营性空间，规划采用隔离式和花园式绿化方式，总的格调为自然生态型庭院园林景观，追求高雅而幽静的氛围。周边需密植高大常绿人工林作为与外界隔离的天然屏障。南化温泉度假酒店与锦润温泉山庄附近的绿地以草坪为主，可安排户外休闲运动项目；温泉度假区与康体养生区内部庭院以疏林草地结合花径布置为主。

树种选择：区域四围景观宜选择隔断树种，如香樟、广玉兰、油松、雪松等。度假酒店与锦润温泉山庄附近绿地可选择金桂、蜡梅、合欢、茶花、杜鹃、月季等。温泉度假区与康体养生区内部庭院可选择银杏、垂柳、水杉、樱桃树、樱花、夜来香、栀子花、结缕草、葱兰、麦冬等。

3. 北部片区

范围：山体公园区与农业休闲区。

设计要求：北部片区也属于开放式空间，规划绿地类型主要为公园绿地和附属绿地。其中，山体公园区的绿化重点为现有山地植被改造，拟规划种植多品类的经济果林，并附设登山游览步道；农业休闲区的植树绿化主要起点缀作用。

树种选择：山体公园区果树品种可选择桃树、李树、樱桃树、核桃树、石榴树、枇杷树、柿子树等。农业休闲区点缀树种可选择垂柳、香樟、广玉兰等。

九、工程管线系统规划

（一）给水工程规划

1. 用水量预测

根据《城市给水工程规划规范》（GB50282—1998），并与本地区的实际情况相结合，本次规划采用如下用水标准计算需水量，水域及农林用地不计用水，未预见及管道漏损水量按15%计算，下列测算结果已包括未预见及管道漏损水量。

参照当地供水工程的年内供水变化情况综合分析，日变化系数取值为1.4，则项目区日平均用水量计算结果为1030吨/日。

2. 管网布置

南部片区自来水水源接自南化村四组水厂引入的镇区供水管网，干网沿玉皇山路、郧白二级公路及滨河路铺设，接口管径为DN150；中部片区及北部片区自来水水源接自由滔河水库引入的供水管网，接口管径为DN200，干网沿南赵路铺设，采用枝状管网分流；埋地给水干管选用给水塑料管，室外深埋不小于0.7米。

温泉水由机房水泵从热水井提升加压后通过DN150的管道引入温泉度假区和康体养生区，输水管道应有保温措施。在项目区主次干道每隔120米设室外地上式消防栓一个。

（二）排水工程规划

排水体制：雨污分流制。

雨水量预测：项目区雨水量标准参照十堰市暴雨强度公式估算。

污水量预测：项目区污水量按平均日用水量总量的70%计，即721吨/日。

管网布置：雨水管涵和污水管道沿道路两侧布置，尽可能使雨水管涵和污水管道的坡降与地面坡度一致，在变坡、转弯等处均应设置检查井，并确保管道埋深不小于0.7米。

道路两侧每30～40米应设一个雨水口，道路、广场、庭院的雨水通过雨水口汇入雨水管涵，再就近排入滔河之中。南部片区雨水流向为南北向、西东向，康体养生区与农业休闲区雨水流向为北南向、西东向，温泉度假区与酒店接待区雨水流向为北南向、东西向，山体公园区雨水自然排入滔河。

项目区所有污水先进入自设污水池进行初级处理，然后汇入沿滔河的污水干管，接着进入镇规划新建的污水处理厂进行无害化处理，最后排入淊河下游。

（三）供电工程规划

《郧县南化塘镇镇区控制性详细规划》中的电网安排，基本能够满足项目区南部片区的电力需求，故本规划只考虑中部片区与北部片区的供电工程规划。

规划从黄柿变电站引入一路10千伏的电力主线接至设在锦润温泉山庄的配电站。接入配电线路设短路保护、过负载保护和接地故障保护。同时，为了保证应急电源的供电，规划在配电站中配备一台500千瓦的应急柴油发电机组，作为停电时的备用电源。

所有电力、道路照明管线全部沿道路下地敷设。电力线路均选用交联聚乙烯绝缘铜芯电力电缆，穿越道路、桥梁或池体的电缆须穿钢管保护且设标志。高压线路、低压线路及控制线路在不同管孔内敷设，中间留出散热孔。

道路照明系统采用控制室微机集中控制方式。微机控制以定时控制为主控，可在微机上设置一年的照明启闭时刻表。在控制室设置手动和自动转换。

（四）电信工程规划

电信设施要同时保证当地居民和外来游客对通信的需求，具有电视、电话、电报、传真、网络等，尤其要注重无线通信、可视电话、互联网络等技术的应用，达到技术先进、质量优良、灵活性强、业务齐全、体系完整的要求。

规划电信管线全部沿道路下地敷设。管孔数要满足电话光缆、网络通信、广播电视、其他通信及备用线路的需求。电信干管采用6孔90～110毫米的PVC塑料管，通过4孔分支管延伸至每幢建筑物。管线在分支、拐弯处及直线段超过100米的中间，设小号手孔井。

（五）管线工程综合规划

1. 规划依据

①《城市居住区规划设计规范》（GB50180—1993）。
②《城市给水工程规划规范》（GB50282—1998）。
③《室外给水设计规划》（GB50013—2003）。
④《城市排水工程规划规范》（GB50318—2000）。
⑤《室外排水设计规范》（GB50014—2003）。
⑥《城市电力规划规范》（GB50293—1999）。
⑦《城市工程管线综合规划规范》（GB50289—1998）。

2. 规划要点

第一,平面布置上要减少管线间的交叉次数,在道路断面的竖向布置要避免各管线冲突的现象。各管线与道路中心线平行,严格依照管线之间、管线与建筑物之间的最小水平间距、垂直间距等有关规范埋设。

第二,工程管线垂直布置方式一般由地面往下依次为电力、电信、给水、污水、雨水。当工程管线竖向位置发生矛盾时,小管径线让大管径线,压力管线让重力流管,可分支管线让主干管线,可弯曲管线让不可弯曲管线,工程量小的管线让工程量大的管线,检修次数少、方便的管线让检修次数多、不方便的管线。

第三,首先需保证重力流管的铺设满足 0.3% 的最小排放坡度要求,再考虑其他压力管的铺设;在各种管线交叉处,对电力、电信两种管线的净距控制在 300 毫米。

十、环境保护规划

(一)规划依据

①《环境空气质量标准》(GB3095—2012)。
②《地表水环境质量标准》(GB3838—2002)。
③《声环境质量标准》(GB3096—2008)。

(二)规划原则

一是依据国家环境保护法规,结合总体规划要求与温泉开发项目实际进行编制。

二是以保护项目区的生态环境为主体,保护重点是水域和空气环境质量。

(三)环境保护目标

环境空气质量控制目标:Ⅰ级标准(该标准适用于自然保护区、风景名胜区和其他需要特殊保护的地区)。

水环境质量控制目标:Ⅱ类标准(该标准适用于珍稀水生生物栖息地、仔稚幼鱼的索饵场等)。

声环境质量控制目标:Ⅰ类声环境功能区,昼间 55 分贝、夜间 45 分贝(该标准适用于以居民住宅、医疗卫生、文化教育、科研设计、行政办公为主功能,需要保持安静的区域)。

（四）环境保护措施

第一，设立环境管理专业机构与专职人员，制订环保计划，监督执行。

第二，协助南化塘镇成立环境质量监督站，定期对项目区内的空气、水质量进行监测。

第三，在本规划范围内，一律不设置有污染源的开发项目。

第四，在本规划范围内，所有工程管网一律采用地下敷设。

第五，本规划中的土地多为农耕地与河滩地，弃耕还林后，绿地覆盖率应达到50%，以减少大气中的飘尘数量。

第六，本规划中的所有服务性项目均不得采用煤燃料，一律采用液化燃料，减少大气污染。

第七，本规划水系属于滔河水系上游地区，应严格保护水资源。所有服务性项目产生的污水，经处理达到国家标准后方可排入纳污水体，污泥脱水后可用作肥料。

第八，声环境保护措施。首先，由于郧白二级公路经本项目区，声环境保护工作的重点在于降低交通噪声，进入项目区范围的车辆一律禁止鸣笛，在道路醒目处设置禁鸣警示标牌。其次，本项目区内不设置高音喇叭；温泉度假区和康体养生区内背景音乐昼夜音量分别控制在55分贝和45分贝标准之内；采取有效的隔音措施，严格控制室内娱乐及夜总会音量。最后，文明施工，减少各种机械噪声，夜间停止施工。

十一、环卫防灾规划

（一）环卫工程规划

1. 垃圾的产生与处理

按照本规划容量旅客数加上员工数5000人的标准，每日生产垃圾量以每人1千克计算，则日产生垃圾5吨，垃圾清运率为100%。

规划在文体休闲区和酒店接待区各设置垃圾转运站1个，面积为50平方米，需注意垃圾转运站与周围建筑物的间隔不小于5米，周边适当采用植物进行遮蔽；在项目区范围内每隔30～50米设置一个生态环保型垃圾箱，对垃圾进行分类收集。

项目区配备密闭式环卫专用运输车1台，成立专业清洁队伍，每日清扫地面2次，并实施每日定点定员保洁。

2. 公共厕所

规划在各功能片区内设置旅游公厕与室内厕所。公共厕所造型与景观环境相协调，布局合理，数量能满足需要，标志醒目美观；所有厕所具备水冲、盥洗、通风设备或使用免水冲生态厕所；厕所管理完善，洁具洁净、无污垢、无堵塞。

3. 园林绿化

涉及环卫方面的园林绿化有两个方面的基本要求：其一，黄土不见天，林地下部要求100%栽种草地或地被植物，避免尘土飞扬和水土流失；其二，定期对绿化用地进行清理，包括清理丛林内的垃圾、修剪枯枝败叶等。

（二）综合防灾规划

1. 消防规划

第一，消防方针为"预防为主、防消结合"。

第二，生活与消防用水合并为一个供水系统，消防用水由不小于DN100的管道从镇区供水管网接入。滔河及项目区内各温泉泡池、游泳池、景观湖均可作为消防水源。

第三，项目区中各类主建筑均按《建筑设计防火规范》设计消防设施，配置室内、室外消火栓灭火系统。建筑物室内消火栓系统设计消防用水量为15升/秒，采用常高压系统，不再另行设置储水箱。度假酒店、养生会所、综合大楼等建筑物进行内部装修时需安装火灾自动报警系统、紧急广播系统及自动喷淋系统，喷淋系统设计水量为30升/秒，自动喷淋加压泵设置在消防水泵房内。不宜用水扑救的电气室配置气体灭火器，柴油发电机房设置水喷雾灭火系统。室外消火栓宜采用直埋伸缩式消火栓，应有直径为100毫米和65毫米的栓口各一个，在各路口及主要建筑物单体前沿道路地下敷设，消火栓距路边不应超过2米，距建筑物外墙不宜小于5米；设置间距不大于120米，其保护半径不应小于150米；设计水量为25升/秒。

第四，加强防火宣传，在重点区域设置防火警示牌；开辟游客吸烟点，并设巡逻员对游客实行防火监控；此外，公司还要组建义务消防队，并配备相应的消防设施，以备应急之需。

2. 防洪规划

第一，防洪方针为"以泄为主，泄蓄兼施"。

第二，根据国家相关标准，项目区范围内滔河河道宽度控制在65～75米。

第三，在项目建设时序上，优先开展河堤改造和河床清淤工作，保障今后汛期河堤的安全性和河床的山洪通过能力，减少因山洪暴发可能造成的损失。

第四，在项目区滔河河段及其上游可能发生滑坡、引发山洪的地段，顺应地势修建拦石墙或截洪沟，有组织地将雨水引入排洪干沟。对于岸线上的山体植被要进行优化，防止水土流失淤塞河道。

3. 抗震规划

根据《中国地震动态参数区划图》（GB18306—2001），十堰市为6度地震区。因此，各项建筑工程必须严格按照基本烈度为6度的抗震设防标准执行，对于项目区内的桥梁、疏散通道及场地等重要设施应提高抗震等级，按7度设防。还要由镇政府牵头组建防震指挥领导小组，统一调配通信、交通、公安等系统的人员，负责传达上级的各项命令，宣传防震知识，组织防震演习，编制应急预案，在发生灾害时协助政府进行救护疏散和灾后恢复工作。

4. 防雷规划

根据《建筑物防雷设计规范》（GB50057—1994），项目区内的主要建筑均按3类防雷建筑设计，做总等电位联结，屋面设避雷带，利用柱内主筋做引下线与基础主筋连接，联合接地电阻不大于1欧；进入建筑物的金属管道在入户处与接地装置联结。从建筑外引入的强电线路设电涌保护器。

十二、建筑引导规划

（一）总体原则

一是分析建筑自身形态与环境的关系，处理好采光和通风问题，并给出相应的指导原则。

二是分析层高和建筑形态的关系，给出相应的功能适应性变化和形体控制原则。

三是对建筑的整体性特色展开研究，对建筑的肌理、色彩、材质、形态做出相应的指导。

（二）建筑风格控制

建筑风格是一个地区建筑文化的集中体现，能够反映当地的自然地理、气候条件、社会历史、经济发展、风俗习惯等。从旅游开发的角度而言，本项目区建筑风格在考虑融合"地脉""文脉"要素的同时，应从艺术审美与功能实用相结合的角度来确立。

1. 总体风格控制

整个项目区的建筑群体要凸显"古镇新城"的主旨，展现出古典文化韵味与现代城镇气息的交相辉映，营造出开放、友好、祥和的环境氛围。项目组在踏访南化老街的过程中，发现当地遗留下来的年代较为久远的古民居，多为徽派建筑中的山墙样式，特色较为鲜明。所以，项目区建筑总体上以改良的新徽派风格为主。

2. 建筑形式控制

建筑单体以框架结构为主，屋面形式平坡结合，以坡屋面为主，可适当添建老虎窗采光和通风。建筑层高分区分类并结合所处区位加以控制，除酒店之外，其他建筑一般不超过5层。出于排水考虑，所有建筑室内外地坪高差控制在10厘米为宜。

3. 建筑间距控制

建筑间距应符合有关部门的法规要求。建筑端墙间距低层建筑不小于4.5米，多层建筑不小于6米。

4. 建筑色彩控制

建筑色彩通常由建筑的屋面颜色、墙面颜色和小装修色彩组合而成。一般来说，建筑色彩组合（特别是墙面色彩和屋面色彩）主要取决于建筑形式，并考虑不同建筑环境气氛的要求。屋面颜色以较深的青灰色调为主，墙面颜色以较浅的灰白色调为主，墙面设计一律不得采用玻璃幕墙。

5. 建筑材料控制

建筑材料以本地区的石材、木材、砖瓦等为主，可充分利用南水北调中线工程移民搬迁之后的旧瓦、古砖和农家中常见的石磨、碾盘。此外，汉江江滩上许多天然的鹅卵石也是较有特色的建筑材料。个别装饰建材如火山石、花岗石板材等需要从外地引进，应注意其材质和色调要与本地区的喀斯特地质风貌相协调。

第七章 美丽乡村建设视角下乡村旅游的未来发展

美丽乡村建设，应以生态文明为前提，使农民的生活更加富裕，使农村面貌得到进一步改善，美丽乡村建设对于解决"三农"问题及乡村旅游发展中遇到的问题起到了举足轻重的推动作用。大力发展乡村旅游，是美丽乡村建设的重要组成部分。大力发展乡村旅游，对于增加农民就业机会、促使山区农民脱贫致富、实现资源的可持续利用等均有非常重要的意义。本章分为乡村旅游的发展前景和趋势、乡村旅游改革发展的思考、美丽乡村建设与乡村旅游三部分。主要内容包括乡村旅游的发展前景、乡村旅游的发展趋势、美丽乡村建设与乡村旅游的关系、美丽乡村建设与乡村旅游可持续发展的关系等方面。

第一节 乡村旅游的发展前景和趋势

一、乡村旅游的发展前景

（一）乡村旅游拥有广阔的市场前景和发展空间

一方面国家对农村问题的重视是由政策所决定的，另一方面工业化导致越来越多的城市居民想逃离工业环境去享受休闲安逸的乡村生活。为此，越来越多的城市人口涌向乡村，这为乡村经济水平的提高提供了一个良好的环境。

（二）乡村旅游将会沿着生态旅游、文化旅游紧密结合的方向发展

欧洲国家对乡村旅游业的绿色发展内涵尤为重视，日本尤为重视乡村旅游的传统文化，而乡村旅游的发展在我国现阶段则体现为侧重经济效益。这是中国的国情，但随着经济的发展，旅游者与旅游开发者的素质将不断提高，乡村旅游的绿色内涵和文化内涵，也将得到进一步的挖掘，我国的乡村旅游业将发展得更加完善。

（三）地方文化的传承与发展是实现乡村旅游可持续发展的关键因素

乡村旅游的发展依托于当地的风俗文化和地理特征，所以离不开当地居民的积极参与，需要用淳朴的民风来创造一个可以让旅游者达到放松身心、休闲娱乐目的的环境氛围。只有当地居民积极配合，才能使乡村旅游更加具有地方文化特色，才会得到旅游者的青睐，保障乡村旅游的可持续发展。

二、乡村旅游的发展趋势

乡村旅游贯穿第一、二、三产业，融合生产、生态、生活等多种功能，是目前我国发展速度最快、发展潜力最大的新型业态。

随着乡村旅游的不断发展，乡村旅游的经营规模正在从零星分布、分散经营向集群分布、集约经营转变，从农民自发建设向各级政府规划引导转变，出现了一系列的新的发展趋势。

（一）多样化

1. 产品类型多样化

乡村旅游已由最初发展时期简单的"吃农家饭、干农家活、住农家房"的农家乐，发展为乡村酒店、农业生态园等多类别的乡村旅游产品，而且随着乡村旅游的不断发展，还将有新的产品类别出现。今天不论是北京、浙江及珠三角等经济发达地区，还是成都等西部城市，乡村旅游产品日渐多元化已经成为一个不争的可喜的事实。旅游产品及业态的创新是保持乡村旅游地竞争优势的核心。因此，在日趋激烈的乡村旅游竞争格局下，产品多样化趋势必将延续并强化。

2. 营销渠道多样化

要不断地吸引游客，就必须千方百计地做热旅游市场，扩大旅游产品的影响力。一些发展较成熟的乡村旅游目的地都在营销方面下了很多功夫。例如，北京市乡村旅游发展就走出了一条"城乡社区、互动营销，目的地主题社区、品牌营销，网络虚拟社区、网络营销，舞台社区、节庆营销"的"政府公关、社区营销"的路子。在中国乡村旅游的发源地成都，节庆营销、品牌营销、情感营销、网络营销、体验营销等多种营销渠道都得以广泛应用，取得了良好的效果。随着乡村旅游市场的进一步多元化和细化，营销渠道的创新与多元化已成为必然的趋势和要求。

3. 融资渠道日趋多元化

投资主体方面，除政府和原有企业外，越来越多的当地居民也加入乡村旅游的发展中来；融资渠道已经由最初的自筹资金转变为政府转移支付、权益融资（土地流转）、社会集资（专业合作社）、外商投资、贴息贷款、小额贷款等多种手段。乡村旅游的发展及其转型升级都离不开资金的支持。因此，融资渠道多样化趋势还须进一步强化，并需要不断创新投融资模式，拓展融资渠道。

（二）产业化

乡村旅游的产业化更能丰富乡村旅游产品形式，增加乡村旅游产业附加值，实现游客与经营户的共赢，促进区域经济协调发展。目前，我国大部分地区的乡村旅游经营已经出现了更完整的、初具规模的乡村旅游产业链。部分乡村旅游发达地区甚至已经出现了比较完整的乡村旅游产业链。

未来，产业化主要有两种发展途径。一是围绕"旅游活动六要素"在一个乡村旅游点（农家乐、民俗村、度假村或休闲农庄等）内延伸产业链条。北京市通州区大营村就是"产业链本地化"的代表。大营村通过制定科学的旅游规划，进行土地置换，集中开发和经营，形成了"一户一园一亩田"和"珍奇花卉中药材"的旅游新吸引物，并以观光度假旅游为突破口，围绕旅游业进行产业配套，做好吃、住、行、游、购、娱六要素的文章，形成了乡村旅游"一体化"经营模式，使该村旅游综合收益和村民就业率维持在较高的水平。二是通过不同组织（农户与农户、农户与企业、民俗村与旅游景点）之间的合作来延伸乡村旅游产业链条，例如，山西五台山与周边乡村旅游点之间，通过五台山形成的核心文化价值构建了完整的乡村旅游产业链。

（三）低碳化

乡村旅游对环境的依赖性很强。它的可持续发展最应关注的是环境保护问题，开发利用与环境保护并重，才符合旅游转型升级的要求。随着乡村旅游的不断发展，各级政府主管部门和乡村旅游的经营者、参与者都逐渐认识到环境保护对乡村旅游发展的重要性。乡村旅游低碳化趋势已经出现。其核心就是环境保护的最优化和能源消耗的最低化，尽量减少旅游发展带来的碳排放，以获取最好的经济、社会和环境效益。2012年6月出台的《全国农村经济发展"十二五"规划》提出，要加强生态建设和环境保护，推进农村环境综合治理，要求到2015年末完成6万个行政村的环境综合治理任务。这对乡村旅游的发展来说，释放了一个全新的信号：低碳化是乡村旅游未来的一个发展方向。

（四）品牌化

打造乡村旅游品牌是实现天、地、人和谐相处，促进乡村旅游可持续发展的必经之路。我国的乡村旅游在开发之初多是农户自发经营，存在总量规模大、单体规模小、经济效益差、营销能力低等不足，无暇顾及品牌形象。近几年，随着乡村旅游实践的不断深入，各地根据自身的生态、文化、建筑、民俗等条件，创建了许多特色化乡村旅游品牌。如浙江宁波奉化的滕头村，利用世博良机，打响了"中国第一生态村"的品牌，效果非常好。滕头村，成立了全国首家村级环保委员会，帮助和辅导村民开展低碳环保活动，成为入选2010年上海世博会的唯一乡村馆。目前较有影响力的当属"中国最美乡村——婺源""中国十大古村落"、成都近郊的"五朵金花"等。

成都乡村旅游进入规范发展期以后，品牌塑造成为一个重要课题。政府、企业、农民，三管齐下，如农科村宣传中国农家乐第一村概念，"五朵金花"的广告遍布大街小巷等。同时通过举办美食节、国际乡村旅游论坛，提高了知名度，成都荣膺"中国农家乐旅游发源地"称号。放眼未来，打造乡村旅游品牌是增强乡村旅游竞争力，保证其可持续发展的一大重要举措。根据市场情况创建、树立区域性品牌，以品牌促营销，以营销促发展，是乡村旅游发展的必经之路。

（五）规范化

规范化管理是乡村旅游未来发展的一大方向。处于自发增长期的乡村旅游存在遍地开花、良莠不齐、内容单薄、品牌不响，以及服务质量差等许多问题。服务不规范也是目前乡村旅游存在的通病，不管是景区景点，还是休闲农庄、农家乐，都存在这个问题。上述问题倘若任其存在，势必严重损害旅游业的声誉，最终将危及乡村旅游的发展。纵观北京、成都、浙江等地乡村旅游的行业管理实践，有一个显著的共同特征和趋势，即行业管理日趋标准化。截至2009年底，全国22个省市自治区都出台了乡村旅游发展的管理规定。虽然全国各地旅游行政主管部门出台的标准和规范有先后顺序之别和类型之差异，但都为当地乡村旅游的发展奠定了良好的基础。未来，还将有更多的管理规定和服务标准出台，乡村旅游的发展将有规可依。

第二节 乡村旅游改革发展的思考

一、把乡村旅游的根留住

乡村旅游的主要特征是,以乡村为依托,以地域文化为基础,以乡野环境为活动空间,以农耕文化、乡村风貌、田园风光、地域风俗、庭院风景为主要吸引物,借此满足旅游者远足观光、休闲养生、娱乐求知、社交体验等需求。

乡村旅游不能失去其与生俱来的美。美在哪里?美在原汁原味,乡土文化个性鲜明;美在乡村风貌,老屋小桥流水人家;美在田园风光,鸟语花香稻海麦浪;美在地域风俗,庙会大集婚丧嫁娶;美在宜居环境,山水相依、无"尘"净土。总之,乡村旅游的根必须留住。

二、给旅游者充分的理由

近年来,部分乡村的美已经受到了不同程度的破坏。农村环境一旦破坏,再恢复非常困难。2015年中央农村工作会议提出,农村是我国传统文明的发源地。乡土文化的根不能断,农村不能成为"城乡难辨"的农村、荒芜破败的农村、老少留守的农村。也就是说,应尊重农耕文明,保持传统村落的文化传承,把根留住。原汁原味的乡土文化才是吸引乡村旅游者出游的最好理由。

三、农业、农村、农民——乡村旅游不能忽视

乡村旅游发展不能回避"三农问题",即如何处理农业、农村、农民与乡村旅游的关系。未来乡村旅游发展遵循的基本思路应该是以农业为魂、以农村为体、以农民为本。

(一)以农业为魂

农业产业业态和产业链是乡村旅游的基础支撑,这包括传统农业、现代农业、种植业、养殖业、高科技设施农业,包含了农、林、牧、副、渔整个体系。实际上,乡村旅游所关注的还应包括一次产业与三次产业的融合与关联,"1+3"衍生出了观光农业,农业维系了农村和农民,这也是乡村旅游的"魂"之所在。

(二)以农村为体

农村是乡村旅游的载体,近年来,中国大中城市周边的乡村受到了不同程度的破坏,逐渐失去了村味,丧失了乡村旅游发展的基础。对农村传统文化、

文脉和地脉的保护迫在眉睫。一些地方大加炫耀的"农民上楼"恰恰与乡村旅游者的诉求相悖,"城里有的村里没有"才是魅力所在。

(三)以农民为本

从乡村旅游发展角度看,乡村旅游理应为农民致富做出贡献,发挥其"引擎"作用。问题在于,农民作为乡村旅游服务的提供者,其应如何从乡村旅游发展中受益,从而激发自身参与乡村旅游的热情和积极性。目前,全国乡村旅游目的地有多种接待形式,其中农民最能直接受益的依然是"农家乐"和"乡村旅游合作社",前者可充分利用自家的资源优势,发展庭院经济,后者便于形成聚落优势。有观点认为"农家乐"已经过时,需要升级换代了。其实不然,对于乡村旅游者而言,只有在农家才能享受到真正的欢乐。乡村旅游只有有农民的真正参与,味道才会更加纯正。

第三节 美丽乡村建设与乡村旅游

一、美丽乡村建设与乡村旅游的关系

美丽乡村建设较早提出来,有关的研究也相对较多一点,理论研究和实践经验也更加成熟。新农村建设和美丽乡村建设虽在提法和外延上有所不同,但内涵和目标实属一致,研究美丽乡村建设和乡村旅游可持续发展的互动关系,可以借鉴新农村建设和乡村旅游可持续发展的关系研究。

吴得民认为,乡村旅游和新农村建设相互促进,相互影响。一方面乡村旅游影响新农村的建设,只要乡村旅游坚持科学合理的发展要求,就会促进新农村建设任务的完成。另一方面新农村建设会影响乡村旅游的发展,新农村建设如果没有破坏乡村性,将会促进乡村旅游的发展;如果破坏了乡村性,那么将会阻碍乡村旅游的发展。赵鑫认为,新农村建设为乡村旅游提供了新的机遇和条件,新农村建设是当前党和政府的工作重点,乡村旅游能够为新农村建设提供帮助。陶玉霞在对乡村旅游内涵进行分析研究的基础上,发现乡村建设与乡村旅游发展之间存在相关关系。乡村建设能促进乡村旅游的发展,提升乡村的接待水平和接待能力,提高游客的旅游满意度;乡村旅游为乡村建设提供经济和智力支持,保证乡村建设科学合理。同时,在美丽乡村和新农村建设过程中,要遵循可持续发展的理念,实现乡村旅游的健康发展。柯珍堂梳理了乡村旅游的特点、动力系统、影响因素,分析了新农村建设的背景和面临的困境与挑战,

提出乡村建设和乡村旅游共同发展的美好愿望。根据研究，发现二者可以实现共赢。新农村建设为乡村旅游提供物质基础，乡村旅游通过增加村民收入、改善生活环境带动新农村建设。韩琼慧从建设主体的角度，对新农村建设进行了相关分析，研究发现政府在新农村建设过程中起引导支持作用，政府对于新农村建设的方针政策、指导思想、任务目标等直接影响新农村建设的方向，政府在引导乡村建设中将乡村旅游纳入其中共同研究，促使二者能够和谐共处。具体建设者是各级村委会，村委会需要根据国家政策要求，结合本村实际，建设美丽乡村。

美丽乡村建设与乡村旅游之间存在互动的关系。目前对二者关系的研究主要是定性研究，定量研究相对较少。为了更好地建设农村和发展乡村旅游，要对它们的关系进行深入研究，以实现二者共同发展。美丽乡村建设首先涉及的是房屋、道路等基础设施，基础设施的改善能够促进乡村旅游的发展；乡村旅游能带动乡村地区的经济、政治、文化和生态的和谐发展，提高居民的满意度和幸福感。对乡村建设和乡村旅游进行定量化研究，发现二者之间的共性和差异，从而构建协同机制，共同促进乡村的发展，进而实现美丽中国梦。

二、美丽乡村建设与乡村旅游可持续发展的关系

美丽乡村建设和乡村旅游可持续发展的最终目的是一致的，即改善人民生活水平，提高居民幸福感。为了达到共同的目的，有必要去分析它们两者的关系，并找到二者共赢的平衡点，使得二者相互促进，共同实现改善人民生活，提高居民幸福感的目标。美丽乡村建设不当，破坏了乡村性，会影响乡村旅游的可持续发展。在这里主要从居民对乡村性的认知视角出发，对美丽乡村建设和乡村旅游可持续发展关系进行分析研究，发现二者的相关关系。

美丽乡村建设与乡村旅游可持续发展存在一定的耦合度，这不是偶然现象，研究表明这是一种必然现象。因为美丽乡村建设的区域目的地和乡村旅游目的地都是乡村地区，具有重合的可能性条件。除了地域上的重合，在建设内容上也有相同的要求。从美丽乡村建设的五点具体要求，可以看出它们与乡村旅游的发展要求也是吻合的。一是实现生产的大发展，对应了乡村旅游带动乡村发展的目标；二是生活宽裕，对应了乡村旅游带动村民分享利益的目标；三是村容整洁，对应了乡村旅游发展的基本要求，即保证村内干净；四是乡风文明，对应了乡村旅游展现优良传统文化的要求；五是管理民主，对应了乡村旅游社区参与的要求，乡村旅游鼓励社区参与，实现利益共享，共同促进乡村旅游的可持续发展。

美丽乡村建设影响乡村旅游的可持续发展，乡村旅游也对美丽乡村建设产生重要影响，二者相互促进，相互影响。乡村旅游的发展有助于增加就业岗位，解决农村剩余劳动力的就业问题，从而维护社会稳定；乡村旅游能够带动乡村经济的发展，从而增加乡村旅游收入，缩小城乡差距；乡村居民参与乡村旅游，共享利益，他们具有主动保护环境的意识，从而能有效地解决乡村地区的环境卫生问题。因此，美丽乡村建设与乡村旅游可持续发展具有密不可分的关系。

三、美丽乡村建设可持续发展的建议

（一）政府引导方面

1. 制定科学的发展规划

发展乡村旅游要与当地经济社会的发展相适应。开发乡村旅游是一个系统工程，必须坚持"先规划，后开发；不规划，不开发"的原则。通过科学规划，合理引导，有重点、有步骤地推进，引导适宜发展的地区有序发展，避免各地一哄而上，低水平盲目发展。只有坚持合理规划，才能做到开发与保护相结合，生产、生活、生态相统一，才能实现可持续发展。在开发乡村旅游之前，首先，应进行市场调研，充分考虑旅游资源潜质、客源市场、环境承载力等因素，统一规划、合理布局。其次，应优选一些条件好、有潜力的乡村。再次，应选定具有特色的开发模式。旅游管理部门应从全局角度制定乡村旅游开发总体规划，在区域布局方面进行统筹安排，从时空上对乡村旅游开发活动进行有序的周密安排，以增强科学性，保证乡村旅游的可持续发展。

2. 提供良好的发展环境

（1）提供资金、信息和技术支持

各级政府(部门)要加大管理服务的力度，为乡村旅游创造良好的发展环境。首先，保证多渠道筹措旅游发展资金。推动乡村旅游开发项目和各种支农资金挂钩。争取把支持农村发展的小额贷款用于乡村旅游户。

一是加强政府的导向性投入，由政府部门统筹，通过直接投资、财政补贴、提供低息或无息贷款、建立专项基金等方式，对乡村旅游发展给予资金支持，拉动乡村旅游的发展；二是从政策上进一步开放市场，拓宽融资渠道，利用各种优惠条件和丰富的旅游资源吸引投资，给乡村旅游开发注入新鲜的"血液"，推动乡村旅游发展。其次，要制定相关扶持政策和提供技术支持，充分调动和鼓励当地社会力量兴办乡村旅游，鼓励村民出资合股联营，参与乡村旅游开发。

（2）加快基础设施建设

乡村旅游的发展对环境的要求非常高，而民俗经营户的投资能力有限，即便是大的产业化经营的农庄或者其他经营实体，也无能力单独投资承担乡村交通、水、电、排污系统等基础设施的建设。政府应加大对乡村旅游发展的支持力度，按照《关于发展乡村旅游的通知》要求，加快乡村旅游环境、道路、饮水等基础条件建设。农村沼气、乡村道路、人畜饮水、乡村清洁等支农工程项目要向乡村旅游点倾斜。乡村旅游开发应提倡乡村与政府部门挂钩，结合新农村建设和乡镇改造，解决好乡村旅游设施配套问题。各级政府要逐步建立乡村旅游发展基金，专项支持乡村旅游的规划制订、基础设施建设、宣传推介和产业促进等工作。

（二）行业管理方面

1. 制定标准

乡村旅游的可持续发展，应着重强化旅游管理部门的地位，明确其职责，积极发挥其作用，在政策允许的范围内赋予其更大职权，建立长效和便捷的协调管理体制，制定或修改相关的规章制度，规范和监督乡村旅游工作。加强规范化管理，是提高效益、促进发展的重要措施。要通过加强组织领导，采取政府主导、各方支持的方式，加强乡村旅游发展的管理、协调、监督、指导和服务工作，从基础设施、资源特色、接待设施、安全标准、卫生标准、环境保护、服务质量、价格标准、游客反映等多方面进行综合评估，加强动态跟踪管理。

2. 教育和培训

乡村旅游的可持续发展离不开人才，需要一批包括建筑师、土地利用计划师、景观设计师等在内的高素质人才队伍，也需要一批守法纪、懂技术、会经营、讲诚信的乡村旅游经营人才和服务人员。当地政府及旅游主管部门既要创造良好条件，引进高层次人才，又要通过不断的培训和教育来保证人才的实时性，满足乡村旅游发展的需要。一是加强旅游知识的培训，有利于旅游从业人员更好地了解当前旅游业发展的形势和趋势。二是强调服务规范培训。乡村旅游以"特色"吸引人，但这种特色是建立在规范服务的基础之上的。可以说，没有规范和标准化的服务，特色就不可能存在。三是加强本土民俗文化的培训。要认真挖掘，认真总结地方民俗文化和风土人情，并加强旅游从业人员在这方面的培训，使乡村旅游与当地民俗风情和乡土文化实现有机结合，提高旅游文化品位和服务档次。

当地政府应成立专门的乡村旅游发展管理部门，与高等旅游院校合作，建立旅游管理人才培训制度，并聘请旅游院校专家对旅游资源开发管理进行全局性、方向性的指导，提高乡村旅游区的人才结构水平和管理水平。

3. 宣传和推广

各级旅游部门要结合乡村旅游产品开发，帮助设计和提升乡村旅游产品的市场形象，推动分散的乡村旅游产品走向市场。要开发一批完善成熟、文明健康的乡村旅游新产品，逐步培育乡村旅游精品，满足国内外不同层次的休闲度假需求。为促进本地乡村旅游扩大游客市场，要增加营销投入。利用各种宣传媒体，如广播、电视、报纸等进行宣传促销。利用农村节庆假日，组织观光旅游，通过举办展览会和科普培训等活动进行宣传。加强与旅行社的合作，与周边景点、景区相结合，鼓励旅行社等企业和有条件的各类旅游集散中心，开展专业的市场销售和网络促销，拓宽乡村旅游销售渠道，扩大旅游市场，以吸引更多的游客。

（三）产品开发方面

1. 深度开发旅游产品

乡村旅游的产业化是指围绕乡村旅游发展中的"吃、住、行、游、购、娱"六大要素延伸产业链条，比如，对于旅游要素中的"吃"，完善种植（养殖）—采摘—加工—餐饮—废物利用（沼气）—种植等完整的产业链条，提高游客在不同阶段的参与度。

据统计，产业链完整的乡村旅游点从事餐饮、住宿、土特产品销售等行业的农户，一般占村庄总户数的40%，余下的60%的农户可以从事养殖、种植、加工、手工艺品制作等工作，尤其是本地生态型餐饮原料的供应，一般一个农户需要8～10个供应户。中国乡村旅游最初发展时期，农村受土地分散影响，乡村旅游项目类型多但规模小，未能组建成大的旅游企业集团，形成旅游服务六要素（食、住、行、游、购、娱）一条龙的产业体系，从而影响了乡村旅游的进一步发展。乡村旅游要想做大做强必须要挖掘本地乡村旅游的文化内涵，注重参与体验，加快创意发展，加大乡村旅游资源的整合力度，形成集农业生产、农耕体验、文化娱乐、教育展示、生态环保、产品加工销售于一体的多元化休闲农业园区。遵循乡村旅游发展规律和市场规律，以需求为导向，突出区域资源、环境和文化特色，科学配置种、养、加工、销售比例，鼓励产业间的联合与协作，构建新型休闲农业产业联盟。

成片联户开发与规模经营已成为必然趋势。要形成特色,尤其是以田园风光(如农田、果园、茶园等)为特色的乡村旅游,只有有一定的规模才能形成景观。因此部分乡村旅游项目需要适度地扩大经营规模。乡村旅游要在当地政府的引导下实现联合经营,以群体的力量形成规模效应,创立品牌,增强市场竞争力,走规模化和产业化的道路,实现乡村旅游的可持续发展。

2. **强化乡村旅游的乡土特色**

乡村旅游的核心竞争力源于其乡土气息,对城市居民而言,乡村旅游最重要的吸引力是鲜明的"乡村印象"。因此,发展乡村旅游,必须注重农业特色资源和农村风俗文化资源的开发利用,深度挖掘乡村旅游资源的闪光内涵,把农业文化景观、农耕生态环境、农事生产活动、传统风俗习惯等有机结合,开发形式多样、具有浓厚乡土气息的乡村旅游项目,突出地方特色,营造出具有地区比较优势的乡村旅游品牌。改变过去到农民家吃一顿饭、到田间摘一下蔬菜的简单形式,应将农家乐旅游和乡村生态游、乡村休闲游等结合起来,在"吃、住、行、游、购、娱"各个环节都体现出乡土特色。吃农家饭、住乡间小舍,不要和城市的旅馆媲美,只要安全、卫生、方便即可。注重游客的参与性,精心为来访游客提供到田间劳作、在灶上做农家菜及参与地方工艺品的制作的机会。

3. **乡村旅游产品的差异化**

乡村旅游产品不能说是千篇一律,但同质化现象的确很严重,如"农家乐"形式,除吃吃饭、打打牌外,顶多再加上个钓钓鱼。乡村旅游吸引游客的关键所在就是它的差异性,不仅是城乡文化和景色的差异,更多的是不同地貌风光、不同民俗文化的差异。差异性越大,乡村旅游的发展潜力就越大。开发乡村旅游产品必须努力挖掘特色文化,避免"你有我也有"的模仿式开发。很多乡村旅游的内容和形式还处于比较基础的阶段,因此在未来发展过程中,乡村旅游必将采取多样化的开发模式,带动和引导国内市场需求向高层次发展。应充分利用丰富的乡村景观、生态、文化、民俗等资源,向差异化、特色化发展提升。

4. **乡村旅游产品的体验性和教育性**

乡村旅游开发的深度不够,使得游客的体验类型单一,如西部一些乡村,不管是否属于藏区、有无藏文化,晚上都开展锅庄晚会活动,最终导致旅游缺乏个性,缺乏竞争力,生命周期短暂。游客的终极目标是追求快乐的体验,在乡村旅游开发中应设计丰富、生动的体验项目,以满足他们的个性化旅游需要。挖掘出新的丰富的乡村活动,如笨猪赛跑、野鸭放飞、松鼠散果等动物表演,开展有特色的田间劳作，如田间放羊、放鸭，果园采摘，烧柴做饭及喂猪等。同时，也要设计使游客完全沉浸其中的深度体验项目，可推出"当一天农民""做回渔夫"等旅游项目。通过游览过程，为游客提供不同形式和内容的教育，让游客进一步了解当代农业科技知识，传承中国传统文化内涵，让长期生活在都市的人们加深对农村的认识。此外，要加大传统工艺品和农产品的开发力度，为游客提供丰富的旅游纪念品，增加游客的消费支出，促进农村经济的发展。

5. 乡村旅游产品的家庭化

"第二个家"将是乡村旅游未来发展的一个大趋势。在大都市，"第二个家"就是周末之家，可以是自己出钱购买的乡村宅院，或者是某一个或几个定点乡村旅游点。举家出游是目前国际上最流行的旅行方式。国外的乡村旅游，很多家长都愿意带孩子一同去，其中的原因除娱乐之外，主要是能对孩子进行最直接、最现实的教育。通过体验农村生活、品尝乡村野味、参与农业劳动，从小生活在城市中的孩子能够领略到农村别样的生活方式，体味到农村人的辛苦和勤劳，学习到有关自然的知识，即寓教于乐，是一种很好的教育体验方式。从我国现有度假地的设施和游乐项目来看，休闲、游乐康体等旅游设施和项目样样齐全，但在儿童方面，考虑得非常不足。深圳市宝安区的海滨度假区为父母身边的孩子推出了各种活动，其中既有适应低龄孩童的游戏、艺术与雕刻，也有适应大一些孩子的滑水、冲浪航海等课程。

（四）乡村旅游经营方面

1. 保护第一

发展乡村旅游，必须坚持"保护第一，开发第二"的原则。发展乡村旅游要高度重视保护环境和文化，实现经营利润和生态效益的双增长、农业生产和旅游经营的双丰收。

（1）生态环境的保护

乡村旅游低碳化发展，要求乡村旅游开发商与经营者树立低碳经济理念，运用节能减排技术，做到节约能源、减少排放、降低污染，以尽可能少的碳排放量，获得最大的经济效益、社会效益和环境效益，打造绿色环保企业。具体来说有如下几个方面。

①在建设方面。建设生态停车场，建设生态厕所，配置生态垃圾桶，使旅游设施与生态环境相融合。利用新能源、新材料，运用节能节水减排技术，安装太阳能热水器和LED照明设备，用沼气或低碳环保燃料进行烹饪、取暖、照明。

②在经营方面。禁止环保不达标的机动车辆进入，积极推广使用电力、畜力和人力等节能低碳的交通工具；控制好环境承载量，特别是在旅游旺季，应当限制客流；将乡村旅游商品的塑料包装改成可降解的材料；开展"低碳积分兑奖"活动，游客在乡村旅游过程中的各种低碳行为可以获得相应积分和奖励。

③在住宿方面。推行"绿色客房"项目，鼓励客人减少一次性用品的使用；在卫生间放置节水提示牌，洗浴时间不超过 15 分钟；在床头柜上放置温馨提示卡片提示客人，可以选择不需换洗的服务，睡觉前关闭所有电源，手机和电脑充电结束后及时拔去插头。

④在娱乐方面。设计和开发低碳环保的乡村体验旅游项目，如请农业技术人员传授花卉养护知识、绿色果蔬培育技巧、绿色食品烹制技术等，让游客在农事体验过程中，潜移默化地获得绿色、环保、健康、低碳的生活常识。

乡村旅游低碳化发展要求旅游者提高绿色环保意识，践行低碳消费方式，在食、住、行、游、购、娱等每一个旅游环节都尽量减少污染、降低排放，做乡村生态环境的守护者。

（2）文化传统的保护

在开发过程中，要遵循发展旅游与保护环境之间的内在规律，共同推动乡村旅游的可持续发展。禁止在乡村内建立与环境不和谐的旅游项目、建筑设施；组织适宜的乡俗风情艺术活动；学习祖传的手艺、产品加工，通过销售或表演获得收入；通过举办地方文化节庆活动，展示乡土文化的独特魅力，防止乡土文化丧失。

2. 改善服务水平

由于多方面的原因，现阶段我国城乡居民在生活方式、生活水平及卫生习惯上还存在一些差异，在乡村的一些地方，基础卫生条件还较落后，旅游地和接待食宿的农户家的厨房、餐具、卧室、浴室、厕所及公共娱乐场所也未进行及时的杀菌消毒处理。事实上，乡村旅游者对活动设施和卫生设施尤为重视。61.3%的乡村旅游者希望庭院有乡土性康体健身设施，如横搭在两树之间的"单杠"；可以活动手脚的场地；供人休息的固定桌椅；可以从事挖地、铲土的简单劳动工具。98.1%的乡村旅游者渴望有独立的卫生间（连同盥洗、淋浴）；56.8%的住宿者不习惯与陌生人或房东家轮换上卫生间；63.2%的乡村旅游者担心乡村食品卫生（包括床上用品和餐具消毒）问题。城市居民对卫生环境方面的要求和乡村居民传统的习惯形成的矛盾，也要求乡村旅游经营者树立正确的服务观念，注意改善卫生状况，提高服务水平。

参考文献

[1] 朱万峰，时玉亮，王好勇. 旅游导向的美丽乡村发展：乡村旅游与休闲农业探索研究 [M]. 北京：新世界出版社，2014.

[2] 黄顺红. 乡村旅游开发与经营管理 [M]. 重庆：重庆大学出版社，2015.

[3] 周培，周颖. 乡村旅游企业服务质量理论与实践 [M]. 成都：西南交通大学出版社，2016.

[4] 李玉新. 农村生态文明建设与乡村旅游发展的协同研究 [M]. 北京：中国旅游出版社，2000.

[5] 叶文等. 旅游融合发展：旅游产业与乡村建设 [M]. 北京：中国环境出版社，2016.

[6] 唐明勇，孙晓晖. 美丽乡村造就魅力广州 [M]. 广州：中山大学出版社，2017.

[7] 张翠晶. 生态理念和田园文化视角下的乡村旅游景观设计 [M]. 长春：东北师范大学出版社，2017.

[8] 李龙，宋徽. 旅游创业启示录：互联网＋时代的乡村旅游创客 [M]. 北京：旅游教育出版社，2017.

[9] 尹华光. 乡村振兴战略下张家界乡村旅游高质量发展研究 [M]. 成都：西南交通大学出版社，2018.

[10] 邢桂平，吴会朝. 大数据与美丽乡村建设 [M]. 长沙：湖南大学出版社，2018.

[11] 王宝升. 地域文化与乡村振兴设计 [M]. 长沙：湖南大学出版社，2018.

[12] 罗言云，揭筱纹，王霞，等. 乡村旅游目的地环境生态性规划与管理 [M]. 成都：四川大学出版社，2018.

[13] 傅大放，闵鹤群，朱腾义. 生态养生型美丽乡村建设技术 [M]. 南京：东南大学出版社，2018.

[14] 刘汉成,夏亚华.乡村振兴战略的理论与实践[M].北京:中国经济出版社,2000.

[15] 朱启臻.把根留住:基于乡村价值的乡村振兴[M].北京:中国农业大学出版社,2019.

[16] 梁正."互联网+"时代乡村旅游可持续发展的路径及对策[J].旅游纵览,2018(24).

[17] 马燕萍.乡村旅游发展视域下的精扶贫路径探索[J].旅游纵览,2018(24).

[18] 邱雪超.乡村振兴战略背景下乡村旅游发展存在的问题及对策[J].旅游纵览(下半月),2018(24).

[19] 赵磊,殷菲.乡村振兴战略下美丽乡村建设与乡村旅游发展的耦合初探[J].地产,2019(22).

[20] 李磊.乡村文化旅游开发促进美丽乡村建设的研究[J].旅游纵览,2019(20).